Festschrift zum 90. Geburtstag von
Prof. Dr. Dr. h.c. mult. Günter Hotz

Jan Messerschmidt · Paul Molitor ·
Jürgen Steimle
(Hrsg.)

# Festschrift zum 90. Geburtstag von Prof. Dr. Dr. h.c. mult. Günter Hotz

*Hrsg.*
Jan Messerschmidt
DIaLOGIKa – Gesellschaft für angewandte Informatik mbH
Saarbrücken, Deutschland

Paul Molitor
Institut für Informatik
Martin-Luther-Universität Halle-Wittenberg
Halle, Deutschland

Jürgen Steimle
FR Informatik
Universität des Saarlandes
Saarbrücken, Deutschland

ISBN 978-3-658-37821-9        ISBN 978-3-658-37822-6  (eBook)
https://doi.org/10.1007/978-3-658-37822-6

Die Deutsche Nationalbibliothek verzeichnet diese Publikation in der Deutschen Nationalbibliografie; detaillierte bibliografische Daten sind im Internet über http://dnb.d-nb.de abrufbar.

© Der/die Herausgeber bzw. der/die Autor(en), exklusiv lizenziert durch Springer Fachmedien Wiesbaden GmbH, ein Teil von Springer Nature 2022
Das Werk einschließlich aller seiner Teile ist urheberrechtlich geschützt. Jede Verwertung, die nicht ausdrücklich vom Urheberrechtsgesetz zugelassen ist, bedarf der vorherigen Zustimmung des Verlags. Das gilt insbesondere für Vervielfältigungen, Bearbeitungen, Übersetzungen, Mikroverfilmungen und die Einspeicherung und Verarbeitung in elektronischen Systemen.
Die Wiedergabe von allgemein beschreibenden Bezeichnungen, Marken, Unternehmensnamen etc. in diesem Werk bedeutet nicht, dass diese frei durch jedermann benutzt werden dürfen. Die Berechtigung zur Benutzung unterliegt, auch ohne gesonderten Hinweis hierzu, den Regeln des Markenrechts. Die Rechte des jeweiligen Zeicheninhabers sind zu beachten.
Der Verlag, die Autoren und die Herausgeber gehen davon aus, dass die Angaben und Informationen in diesem Werk zum Zeitpunkt der Veröffentlichung vollständig und korrekt sind. Weder der Verlag, noch die Autoren oder die Herausgeber übernehmen, ausdrücklich oder implizit, Gewähr für den Inhalt des Werkes, etwaige Fehler oder Äußerungen. Der Verlag bleibt im Hinblick auf geografische Zuordnungen und Gebietsbezeichnungen in veröffentlichten Karten und Institutionsadressen neutral.

Planung: Petra Steinmüller
Springer Vieweg ist ein Imprint der eingetragenen Gesellschaft Springer Fachmedien Wiesbaden GmbH und ist ein Teil von Springer Nature.
Die Anschrift der Gesellschaft ist: Abraham-Lincoln-Str. 46, 65189 Wiesbaden, Deutschland

# Inhaltsverzeichnis

Vorwort . . . . . . . . . . . . . . . . . . . . . . . . . . . . . . vii
Grußwort des Universitätspräsidenten . . . . . . . . . . . . . . . . . ix
Grußwort des Dekans . . . . . . . . . . . . . . . . . . . . . . . . . xi
Grußwort des Verlages . . . . . . . . . . . . . . . . . . . . . . . . xiii
Zum Neunzigsten . . . . . . . . . . . . . . . . . . . . . . . . . . . xv
Danksagungen . . . . . . . . . . . . . . . . . . . . . . . . . . . . xix
Bildnachweis . . . . . . . . . . . . . . . . . . . . . . . . . . . . . xx

**Wissenschaftliche Kinder von Günter Hotz**      **1**
  Übersicht . . . . . . . . . . . . . . . . . . . . . . . . . . . . . . 1
    #1  Schnorr, Claus Peter . . . . . . . . . . . . . . . . . . . . . . 7
    #2  Walter, Hermann K.-G. † . . . . . . . . . . . . . . . . . . . . 9
    #3  Claus, Volker . . . . . . . . . . . . . . . . . . . . . . . . . . 11
    #4  Stucky, Wolffried . . . . . . . . . . . . . . . . . . . . . . . . 17
    #5  Blatt, Hans-Peter . . . . . . . . . . . . . . . . . . . . . . . . 25
    #6  Spaniol, Otto . . . . . . . . . . . . . . . . . . . . . . . . . . 27
    #7  Kaufholz, Gerd . . . . . . . . . . . . . . . . . . . . . . . . . 29
    #8  Kemp, Rainer † . . . . . . . . . . . . . . . . . . . . . . . . . 31
    #9  Paul, Wolfgang . . . . . . . . . . . . . . . . . . . . . . . . . 33
   #10  Bertsch, Eberhard . . . . . . . . . . . . . . . . . . . . . . . 37
   #11  Kopp, Herbert . . . . . . . . . . . . . . . . . . . . . . . . . 41
   #12  Stadel, Manfred . . . . . . . . . . . . . . . . . . . . . . . . 45
   #13  Schmitt, Ulrich . . . . . . . . . . . . . . . . . . . . . . . . . 47
   #14  Weidner, Wolfgang . . . . . . . . . . . . . . . . . . . . . . . 49
   #15  Gräber, Wolfgang . . . . . . . . . . . . . . . . . . . . . . . . 57
   #16  Huynh, Dung T. . . . . . . . . . . . . . . . . . . . . . . . . 59
   #17  Ross, Rockford J. . . . . . . . . . . . . . . . . . . . . . . . . 65
   #18  Breder, Michael . . . . . . . . . . . . . . . . . . . . . . . . 67
   #19  Estenfeld, Klaus . . . . . . . . . . . . . . . . . . . . . . . . 69
   #20  Pink, Axel . . . . . . . . . . . . . . . . . . . . . . . . . . . 73
   #21  Messerschmidt, Jan . . . . . . . . . . . . . . . . . . . . . . . 77
   #22  Simon, Hans Ulrich . . . . . . . . . . . . . . . . . . . . . . . 85
   #23  Becker, Bernd . . . . . . . . . . . . . . . . . . . . . . . . . 89
   #24  Strothmann, Rolf . . . . . . . . . . . . . . . . . . . . . . . . 95
   #25  Auler, Peter . . . . . . . . . . . . . . . . . . . . . . . . . . 97
   #26  Arz, Johannes † . . . . . . . . . . . . . . . . . . . . . . . . 99

| | | |
|---|---|---:|
| #27 | Molitor, Paul | 101 |
| #28 | Kolla, Reiner | 107 |
| #29 | Kretschmer, Thomas | 109 |
| #30 | Schmitt, Franz Josef | 111 |
| #31 | Becker, Ursula | 113 |
| #32 | Marzinkewitsch, Reiner | 115 |
| #33 | Osthof, Hans Georg | 123 |
| #34 | Sparmann, Uwe | 127 |
| #35 | Sellen, Jürgen | 129 |
| #36 | Hartmann, Joachim | 131 |
| #37 | Guan, Yonggang | 135 |
| #38 | Sparmann, Gisela, geb. Pitsch | 137 |
| #39 | Wu, Hongzhong | 139 |
| #40 | Schömer, Elmar | 141 |
| #41 | Burch, Thomas | 145 |
| #42 | Schieffer, Björn | 151 |
| #43 | Scholl, Christoph | 153 |
| #44 | Follert, Frank | 163 |
| #45 | Chadzelek, Thomas | 165 |
| #46 | Schulz, Frank | 167 |
| #47 | Eckstein, Jens | 169 |
| #48 | Buck, Matthias | 171 |
| #49 | Zhu, Bin | 173 |
| #50 | Gamkrelidze, Alexander | 175 |
| #51 | Sauer, Jörg | 179 |
| #52 | von Oertzen, Timo | 181 |
| #53 | Gärtner, Tobias | 187 |
| #54 | Durst, Christopher | 189 |

## Vorwort

Das Vorwort einer Festschrift, wie die vorliegende zum Anlass des 90sten Geburtstages von Prof. Dr. Günter Hotz, gibt in der Regel einen Überblick über das Wirken und das Lebenswerk des Jubilars. Zu Günter Hotz gibt es viele solcher Würdigungen. Eine der letzten dieser Laudationen hielt der Präsident der Universität des Saarlandes, Prof. Dr. Manfred Schmitt, im Mai 2019 anlässlich der Verleihung der Ehrensenatorenwürde an Günter Hotz, nachzulesen auf der Website der Universität[1]. Verweisen möchten wir in diesem Zusammenhang auch auf die verschiedenen Grußworte in dieser Festschrift und insbesondere die auch hier wiedergegebene Presseerklärung der Universität des Saarlandes zum 90sten von Günter Hotz (siehe S. xv).

Wir könnten an dieser Stelle nur wiederholen, dass Günter Hotz wesentlichen Anteil an der Etablierung der Informatik als eigenständige Wissenschaft zwischen Mathematik und Elektrotechnik hatte, dass er Gründungsvorsitzender der Gesellschaft für Informatik e. V. war, dass er die Saarbrücker Informatik aufgebaut hat und diese heute nicht das wäre, was sie ist, nämlich eine der international anerkanntesten Informatiken. Dass er ferner zahlreiche Ehrungen und Ehrendoktorwürden erhalten hat und vieles, vieles mehr. Oft wird nur in einem Nebensatz erwähnt, dass Günter Hotz neben einer dreistelligen Zahl an von ihm vergebenen Diplomarbeiten zudem 54-facher Doktorvater ist. Aber ist dies nicht gerade der zentrale Punkt seines Lebenswerks?

Gerne haben wir die Idee von Günter Hotz aufgegriffen, dass es in dem Festkolloquium (zu dem die vorliegende erschienene Festschrift erstellt wurde) nicht nur wissenschaftliche Vorträge gibt, sondern dass vielmehr auch möglichst viele seiner „in die Wirtschaft" gegangenen Doktorkinder aus ihrem beruflichen Leben berichten und dabei idealerweise zudem ein aktuelles Projekt vorstellen.

Schaut man sich nämlich allein die Lebensläufe seiner 54 Doktorkinder an, zeigt sich in beeindruckender Weise, wie nachhaltig Günter Hotz die Informatik in Deutschland, sowohl in der Industrie als auch in Lehre und universitärer Forschung, geprägt hat. Mit wenigen Ausnahmen sind alle seine Doktorkinder entweder auf Professuren berufen worden oder haben Spitzenpositionen in der Industrie inne bzw. innegehabt. Gerade auch letztere haben dort die deutsche Informatik entscheidend mitgeprägt bzw. tun dies auch noch aktuell.

Auch wenn einige der akademischen Kinder bereits das Rentenalter erreicht haben: Das von Günter Hotz an seine Schüler vermittelte Wissen und die Sichtweisen auf Probleme werden allein schon über aktuell mehr als $780^2$ promovierte

---

[1] https://saarland-informatics-campus.de/piece-of-news/ehrensenatorenwuerde-fuer-informatik-professor-guenter-hotz/
[2] s. https://genealogy.math.ndsu.nodak.edu/id.php?id=21668&fChrono=1

Nachfahren weitergetragen.[3] Mit dieser Zahl dürfte Günter Hotz unter den lebenden deutschen Mathematikern/Informatikern die Spitzenposition innehaben.

Die vorliegende Festschrift soll nun insbesondere über Kurzberichte der Doktorkinder die Nachwirkung von Günter Hotz' Schaffen aufzeigen. Sie gibt damit auch einen schönen Überblick über die Informatik in Deutschland.

Aber auch unter seinen akademischen Kindern, die „nur" ihr Diplom bei ihm abgelegt haben, gibt es viele, die an anderen Lehrstühlen promoviert wurden, einige auch, die anschließend ihrerseits auf Lehrstühle berufen wurden und damit auch die Hotz'schen Ideen und Herangehensweisen ihren Studierenden vermittelt haben. Dies gilt gleichfalls natürlich auch für die unzähligen, die direkt nach dem Diplom „in die Industrie" gegangen sind und dort erfolgreich wurden. Sie alle in diesen Band aufzunehmen, hätte den Rahmen gesprengt, gleichwohl sollen sie nicht vergessen werden.

Umgekehrt werfen wir gerne auch einen Blick auf die akademischen Vorfahren von Günter Hotz (s. Abbildung auf S. xvii), unter denen sich wohl nicht ganz zufällig einige der berühmtesten Mathematiker der Weltgeschichte befinden.

Lieber Herr Hotz, im Namen all ihrer akademischen Kinder, es war uns eine Ehre, bei Ihnen studieren, arbeiten und promovieren zu dürfen und es *ist* uns eine Ehre, Ihre Ideen und Ihre Art, diese zu vermitteln, unsererseits an nachfolgende Generationen weiterzugeben.

    Die Herausgeber

---

[3]) Erst kürzlich (März 2022) wurde z. B. ein Doktorurenkel von Günter Hotz an die TU München berufen.

## Grußwort des Universitätspräsidenten

Sehr geehrter Herr Ehrensenator,

lieber Herr Kollege Hotz,

es ist mir eine besondere Freude, dass Ihnen, dem international renommierten und mehrfach ausgezeichneten Nestor der Saarbrücker Informatik, nach akademischem Brauch anlässlich Ihres 90. Geburtstags eine Festschrift gewidmet wird, die ich sehr gerne als Universitätspräsident mit einem Grußwort und allen guten Wünschen begleite. Der Band und das für den 1. Juli geplante Kolloquium bieten durch die Beiträge Ihrer über 50 Doktoranden und Habilitanden einen facettenreichen, wissenschaftsgeschichtlich reizvollen Einblick in Ihr verdienstvolles Wirken als außerordentlich engagierter akademischer Lehrer und überaus innovativer Wissenschaftler.

Sie sind seit nunmehr nahezu sechs Jahrzehnten unserer Universität verbunden und hielten ihr trotz zahlreicher ehrenvoller Rufe stets die Treue. Sie haben nicht nur den größten Teil der bald 75-jährigen Universitätsgeschichte und der Entwicklung auf dem Saarbrücker Campus miterlebt und maßgeblich zum Profil unserer Universität beigetragen, sondern vielmehr auch die Geschichte Ihres Fachs auf nationaler und internationaler Ebene geprägt. Die Laudatio anlässlich Ihrer Ernennung zum Ehrensenator dokumentiert gerade mit Blick auf unsere Universität sehr eindrucksvoll, welche wegweisenden Weichenstellungen unter anderem durch eine geschickte Berufung junger Kollegen, Ihr Engagement in mehreren Sonderforschungsbereichen, die Ansiedlung von zwei Max-Planck-Instituten und des heutigen Leibniz-Zentrums für Informatik Schloss Dagstuhl sowie die Gründung des Deutschen Forschungszentrums für Künstliche Intelligenz erfolgten. Neben Ihren vielfältigen Aktivitäten in Lehre und Forschung sind mit Ihrem Namen ein höchst umfangreiches Œuvre, ein weiter akademischer Schülerkreis und nicht zuletzt ein intensives, durch hohe Auszeichnungen und Ehrungen gewürdigtes herausragendes Engagement in nationalen und internationalen wissenschaftlichen Organisationen verknüpft.

Mit herzlichen Grüßen und allen guten Segenswünschen für ein ertragreiches Kolloquium und die kommende Zeit verbleibe ich

Ihr

Prof. Dr. Manfred J. Schmitt

Universitätspräsident

## Grußwort des Dekans

Die Geschichte der Informatik in Deutschland und damit auch an der Universität des Saarlandes ist untrennbar mit Günter Hotz verbunden: In den 1960er Jahren etablierte sich die Informatik zunehmend als eigenständige akademische Disziplin, und Ende des Jahrzehnts begannen die ersten universitären Studiengänge in diesem Bereich. Nach seiner Habilitation am Institut für Angewandte Mathematik der Universität des Saarlandes war Günter Hotz zunächst als wissenschaftlicher Rat tätig. Im Rahmen der Abwehr des Rufes an ihn nach Hamburg wurde er 1969 Inhaber des neu geschaffenen Lehrstuhls für Angewandte Mathematik und Informatik. Günter Hotz wurde 1969 also der erste Professor für Informatik an der Universität des Saarlandes und bald darauf schrieben sich die ersten Studenten hier für ihr Diplomstudium in Informatik ein.

Seitdem hat die Saarbrücker Informatik ein enormes Wachstum erfahren. Gegenwärtig studieren etwa 2.000 junge Menschen in verschiedenen informatikbezogenen Studiengängen am sogenannten Saarland Informatics Campus.

Die Informatik der Universität des Saarlandes ist seit 1969 auf 29 Universitätsprofessorinnen und -professoren angewachsen (Stand 1. April 2022). Mehrere Forschungsinstitute, wie die Max-Planck-Institute für Informatik (MPI-INF) und Softwaresysteme (MPI-SWS), das Deutsche Forschungszentrum für Künstliche Intelligenz (DFKI) und jüngst das CISPA Helmholtz-Zentrum für Informationssicherheit wurden in den letzten Jahrzehnten auf dem Campus oder in unmittelbarer Nachbarschaft gegründet. Die engen Verbindungen zu diesen Instituten spiegeln sich nicht nur in zahlreichen Kooperationen wider, sondern auch darin, dass zahlreiche Honorarprofessorinnen und -professoren ebenso wie Nachwuchsgruppenleiterinnen und -leiter in Forschung und Lehre am Standort aktiv sind.

In diesem Jahr können wir nun endlich auch offiziell das Lebenswerk unseres emeritierten Kollegen Herrn Prof. Dr. Dr. h.c. mult. Günter Hotz anlässlich seines 90. Geburtsages im vergangenen November würdigen. Sein Wunsch war ein Kolloquium, bei dem seinen mehr als 50 ehemaligen Doktorandinnen und Doktoranden Gelegenheit gegeben wird, aus ihrer wissenschaftlichen Karriere zu berichten. Gerne hätten wir das bereits im vergangenen November zeitnah zu seinem Geburtstag organisiert, aber leider hat die Covid-19-Pandemie eine Verschiebung erzwungen. Umso mehr freuen wir uns, dass wir nun am 01. Juli 2022 das endlich nachholen können. Die Saarbrücker Informatik ist zum Zeitpunkt der Drucklegung dieser Festschrift sehr zuversichtlich, dass es diesmal klappt und zahlreiche seiner „Doktorkinder" uns die Entwicklung und Breite der Informatik in den letzten Jahrzehnten an einigen Beispielen näher bringen.

53 Jahre nach Einrichtung des ersten Informatik-Lehrstuhles genießt unser Standort nicht nur in Deutschland, sondern auch international hohes Ansehen. Besonders hervorzuheben ist, dass Günter Hotz bis zu seiner Emeritierung und auch danach die Standortentwicklung maßgeblich vorangetrieben hat und uns auch weiterhin mit seinem allseits geschätzten Rat unterstützt. Und last but not least, dass er der Saarbrücker Informatik allen externen Abwerbeversuchen zum Trotz stets die Treue gehalten hat.

Hierfür bedanke ich mich persönlich und auch im Namen des ganzen Informatik-Standortes und wir wünschen ihm weiterhin alles Gute und vor allem Gesundheit.

Prof. Dr. Jürgen Steimle
Dekan der Fakultät für Mathematik und Informatik

# Grußwort des Verlages

Liebe Leser:innen,

insgesamt 54 Dissertationen wurden von Prof. Dr. Günter Hotz als Doktorvater begleitet. Das vorliegende Buch ist nun – aus Anlass seines 90sten Geburtstags – eine (weitere) Würdigung für sein Lebenswerk. Der Verlag schließt sich dieser Würdigung gerne an. Uns verbindet eine jahrzehntelange und fruchtbare Zusammenarbeit mit Prof. Dr. Hotz.

Neben seiner Haupttätigkeit als Wissenschaftler und akademischer Lehrer hat Hotz unter anderem als langjähriger Herausgeber der *Informatikreihe* bei Teubner und der *Series Computer Science* bei Wiley-Teubner aktiv und maßgeblich zur Entwicklung der Informatik in Deutschland beigetragen. Davon zeugt auch, dass ihm 1998 das Große Verdienstkreuz des Verdienstordens der Bundesrepublik Deutschland verliehen wurde und ein Jahr später die Konrad Zuse Medaille. 2001 wurde Hotz Ehrenmitglied der Gesellschaft für Informatik (GI), deren Präsident von ihrer Gründung 1969 bis 1971 er war.

Die große Bedeutung von Hotz' Wirken für die deutsche und internationale Informatik spiegelt sich auch in zahlreichen Ehrendoktorwürden und Ehrenprofessuren, die ihm im Laufe seines Lebens zuteilwurden. Die Universität Frankfurt, die TH Darmstadt sowie die Universitäten Tiflis und Paderborn ernannten ihn zum Ehrendoktor. Ehrenprofessuren erteilten das Institute for Computer Science of the Academia Sinica sowie die Beihang-Universität Peking.

Im Laufe der Jahre veröffentlichte Prof. Dr. Günter Hotz mehrere Bücher bei Teubner und Springer. Etwa *Homomorphismen und Reduktionen linearer Sprachen* (Springer, 1970), *Einführung in die Informatik* (Teubner, 1990) oder *Algorithmische Informationstheorie: statistische Informationstheorie und Anwendungen auf algorithmische Fragestellungen* (Teubner, 1997).

Heute ist die Informatik eine allseits anerkannte und beachtete Wissenschaft. Das war nicht immer so. Prägende Köpfe wie Hotz haben entscheidend dazu beigetragen, dass ihrem Fach die verdiente Anerkennung entgegengebracht wurde. Informatiker im 21. Jahrhundert stehen auf den Schultern von Riesen – um Bernhard von Chartres zu paraphrasieren – Prof. Günter Hotz ist einer davon.

Ich verneige mich im Namen des Verlages vor seiner Lebensleistung und wünsche einen langen und erfüllenden Ruhestand.

>Peter Pagel
>
>Chefredakteur
>
>Informatik Spektrum

## Zum Neunzigsten[4]

Am 16. November [2021; A. d. H.] kann der emeritierte Professor für Angewandte Mathematik und Informatik, Pionier der Saarbrücker Informatik und Ehrensenator der Universität des Saarlandes, Günter Hotz, seinen 90. Geburtstag begehen. Der Jubilar, der in St. Ingbert wohnt, gilt als einer der Väter der Informatik in Deutschland. Er gehörte dem Ausschuss an, der dem Fach seinen Namen gab und die erste Studienordnung entwarf. Der Universität des Saarlandes ist er seit nahezu sechs Jahrzehnten verbunden.

In Büdingen-Rommelhausen geboren, studierte Günter Hotz nach dem Abitur am Gymnasium in Friedberg Mathematik und Physik an den Universitäten Frankfurt und Göttingen und wirkte dann in der Industrie, wo er an der Entwicklung der Postscheckautomatisierung und des ersten durch Computer unterstützten Flugsicherungssystems der Bundesrepublik beteiligt war. 1962 führte ihn seine Laufbahn an das von Prof. Dr. Johannes Dörr geleitete Saarbrücker Institut für Angewandte Mathematik. Dank seines Engagements schuf er zentrale Voraussetzungen für die Ansiedlung des Max-Planck-Instituts für Informatik, des Deutschen Forschungszentrums für Künstliche Intelligenz und des Leibniz-Zentrums für Informatik, Schloss Dagstuhl, und hat so entscheidend zum Profil des Informatik-Standorts Saarland und seiner Universität beigetragen. Schwerpunkte seiner Forschungstätigkeit waren unter anderem die algorithmische Geometrie, die Theorie der formalen Sprachen, die Entwicklung von Programmiersprachen zur Unterstützung der Sprachverarbeitung im Rahmen des Sonderforschungsbereichs 100 „Elektronische Sprachverarbeitung" sowie sein Engagement in den folgenden Sonderforschungsbereichen.

Als akademischer Lehrer hat Professor Hotz mehr als 50 Dissertationen betreut. Etwa 30 seiner Diplomanden, Doktoranden und Mitarbeiter wurden auf Professuren an Universitäten und Fachhochschulen berufen. In der wissenschaftlichen Gemeinschaft agierte Günter Hotz unter anderem als Gründungspräsident der „Gesellschaft für Informatik" (GI) und als Mitglied des Wissenschaftsrats und mehrerer wissenschaftlicher Akademien und Gesellschaften. So wurde er 1986 auch als erster Wissenschaftler aus der Bundesrepublik in die Akademie der Wissenschaften der DDR aufgenommen. Außerdem wirkte der Jubilar als Gutachter der Deutschen Forschungsgemeinschaft und Dekan der Technischen Fakultät der Universität des Saarlandes. Seine Verdienste um die Informatik sind durch zahlreiche nationale und internationale Auszeichnungen gewürdigt worden. So wurden ihm die Ehrendoktorwürden der Universität Frankfurt, der Technischen

---

[4]) Pressemitteilung anlässlich des 90. Geburtstages von Prof. Dr. Dr. h.c. mult. Günter Hotz. Abdruck in dieser Festschrift mit freundlicher Genehmigung der Universität des Saarlandes.

Universität Darmstadt, der Universität Tiflis und der Universität Paderborn verliehen. 1986 erhielt er zusammen mit seinen Kollegen Kurt Mehlhorn und Wolfgang Paul den ersten an Informatiker verliehenen Leibnizpreis der Deutschen Forschungsgemeinschaft.

Der Träger des Saarländischen Verdienstordens und des Großen Bundesverdienstkreuzes ist auch Ehrenmitglied der „Gesellschaft für Informatik", Inhaber der „Konrad-Zuse-Medaille" sowie Ehrenprofessor der Chinesischen Akademie der Wissenschaften und der „Hochschule für Luft und Raumfahrt" in Peking. Seinen Namen tragen schließlich die Günter-Hotz-Medaille, mit der die „Freunde der Saarbrücker Informatik e. V." seit 2001 die drei besten Absolventen der Saarbrücker Informatik auszeichnen sowie seit 2011 der große Hörsaal der Saarbrücker Informatik. Die Universität des Saarlandes, der er trotz ehrenvoller Rufe stets die Treue hielt, verlieh dem Nestor der Informatik im Rahmen der Feier des fünfzigjährigen Bestehens der Fachrichtung Informatik am 25. Mai 2019 auch die Würde eines Ehrensenators.

Dr. Wolfgang Müller, Universitätsarchiv

Prof. Günter Hotz nach der Verleihung des Ehrensenatorentitels im Rahmen des fünfzigjährigen Jubiläums der Fachrichtung Informatik am 25. Mai 2019

**Johann Bernoulli**

* 6. August 1667
† 1. Januar 1748

**Jakob Bernoulli**

* 6. Januar 1655
† 16. August 1705

**Nicolas Malebranche**

* 6. August 1638
† 13. Oktober 1715

**Gottfried Leibniz**

* 1. Juli 1646
† 14. November 1716

**Leonhard Euler**

* 15. April 1707
† 18. September 1783

**Joseph-Louis Lagrange**

* 25. Januar 1736
† 10. April 1813

**Siméon Denis Poisson**

* 21. Juni 1781
† 25. April 1840

**J.-B. Joseph Fourier**

* 21. März 1768
† 16. Mai 1830

**C. L. Ferdinand von Lindemann**

* 12. April 1852
† 6. März 1939

**Felix C. Klein**

* 25. April 1849
† 22. Juni 1925

**Rudolf Lipschitz**

* 14. Mai 1832
† 7. Oktober 1903

**Peter Gustav Lejeune Dirichlet**

* 13. Februar 1805
† 5. Mai 1859

**David Hilbert**

* 23. Januar 1862
† 14. Februar 1943

**Erich Hecke**

* 20. September 1887
† 13. Februar 1947

**Kurt Reidemeister**

* 13. Oktober 1893
† 8. Juli 1971

**Günter Hotz**

* 16. November 1931

Wissenschaftliche Ahnen von Günter Hotz.

xvii

# Danksagungen

Für Festschriften gilt in ganz besonderem Maße, dass sie immer ein Kooperationsprojekt sind, bei dem auch viele helfende Hände tätig werden müssen. Diesen, wie natürlich auch den Autoren der einzelnen Beiträge selbst, gilt der besondere Dank der Herausgeber.

Zuvorderst gilt er den „Urgesteinen" Volker Claus (#3; bei Doktorkindern verzichten wir hier auf die Angabe der akademischen Titel) und Wolffried Stucky (#4), die durch vielfältige Beratung, Vermittlung von Kontakten, Zuarbeit und „Griff in ihre Archive" sehr zu dieser Festschrift beigetragen haben.

Reiner Marzinkewitsch (#32) konnte noch in allerletztem Moment mit der Vermittlung redaktioneller Hilfeleistung beitragen.

Besondere Erwähnung verdient Christoph Scholl (#43), der (wie auch die Doktorkinder unter den Herausgebern) einige der Lebensläufe durch Internetrecherche in den Fällen erstellt hat, in denen wir mit dem jeweiligen Doktorkind keinen Kontakt haben herstellen können.

Ganz besonders danken wir zudem Henning Fries und insbesondere Dr. Philipp Müller (beide DIaLOGIKa) für die teilweise sehr aufwendige (Nachtschicht vor dem Abgabetermin) technische Unterstützung bei der Erstellung des Buches.

Auch der Fachrichtung Informatik und insbesondere seinem Geschäftsführer Erich Reindel danken wir, die bzw. der nicht nur das Festkolloquium organisieren, sondern auch vielfältiges Material zur Verfügung stellten, ohne das die Erstellung dieser Schrift nicht möglich gewesen wäre. Und nicht zuletzt auch dafür, dass die Fachrichtung die Kosten in großzügiger Weise übernimmt.

Last but not least danken wir dem Verlag Springer Vieweg für die sehr gute und stets kooperative Zusammenarbeit.

Die Herausgeber

## Bildnachweis

Die meisten der Fotos in den Beiträgen stammen direkt von den einzelnen Autoren. Ausnahmen sind wie folgt:

Fraunhofer IBMT: S. 189, über `https://www.yumpu.com/de/document/view/21726196/kryoforschungsbank-zentrum-fur-biotechnologiede` abgerufen am 8.4.2022

Günter Hotz: S. 9, 124, 173 (Fotograf = Bin Zhu)

Hochschule Darmstadt: S. 99, `https://fbi.h-da.de/meldung?tx_news_pi1%5Baction%5D=detail&tx_news_pi1%5Bcontroller%5D=News&tx_news_pi1%5Bnews%5D=118178&cHash=0835eb0b87e26257d893600cc479b76f`, abgerufen am 1.4.2022

Iris Maria Maurer, `http://silbersalz.com`: Umschlag

Jan Messerschmidt: S. 65, 125

RWTH Aachen: S. 27, `https://www.informatik.rwth-aachen.de/cms/informatik/Forschung/Forschungsbereiche/Professuren-und-Dozierende/~muao/Univ-Prof-i-R-Dr-rer-nat-Dr-h-c-/`, abgerufen am 5.4.2022

Technische Hochschule Rosenheim, S. 111, `https://docplayer.org/5348319-Impressum-verantwortlich-i-s-d-p-prof-dr-roland-feindor.html` abgerufen am 7.4.2022

Tom Gundelwein: S. 123

TU Wien: S. 31, `https://www.geometrie.tuwien.ac.at/AofA2002/pictures/IMG_0270_Med.jpg.10.html`, abgerufen am 5.4.2022

Universität des Saarlandes: S. ix, xi

Universität des Saarlandes / Oliver Dietze: S. xvi

Universität Freiburg: S. xvii, `https://nc.informatik.uni-freiburg.de/index.php/s/Fk6FnBj9qke753Y`, abgerufen am 31.3.2022

Wikipedia: S. 80, `https://de.wikipedia.org/wiki/Datei:Trolleybus_Driver_Adjusting_Trolley_Pole_(cropped).jpg`, abgerufen am 28.3.2022

# Wissenschaftliche Kinder von Günter Hotz

Günter Hotz hat im Laufe der vielen Jahre, in denen er an der Universität des Saarlandes als akademischer Lehrer tätig war, insgesamt 54 „Kinder" zur Promotion, manche von ihnen dann auch zur Habilitation geführt. Nachfolgend sind sie mit ihrem Promotions- und, wo zutreffend, Habilitationsthema aufgelistet[5], bevor in den nachfolgenden Kapiteln von jedem einzelnen Doktorkind (akademischer) Lebenslauf folgen, bei einigen auch mit einem mehr oder weniger umfangreichen Beitrag weiter ergänzt.

### Die Wissenschaftlichen Kinder in der Übersicht

1. **Claus-Peter Schnorr**, 1967 [1970]

    *Darstellbarkeit von Sprachen durch freie assoziative Systeme*
    *[Eine neue Charakterisierung der Zufälligkeit von Folgen]*
    - 1971 U Frankfurt/Main (R: 1971 U Erlangen, U Dortmund; 1985 FU Berlin)

2. **Hermann K.-G. Walter**, 1968 [1971]

    *Inhibitionsfelder*
    *[Mathematische Modelle für Neuronennetze]*
    - 1972 TH Darmstadt, jetzt TU Darmstadt

3. **Volker Claus**, 1970

    *Ebene Realisierungen von Schaltkreisen*
    - 1972 U Dortmund (heute TU Dortmund); 1986 U Oldenburg; 1992 U Stuttgart (R: 1978 FernU Hagen)

---

[5]) Erklärung der Listeneinträge:
  **Name**, Jahr der Promotion [Jahr der Habilitation]
    *Titel der Dissertation*
    *[Titel der Habilitation]*
    - Professur an U wann wo (Rufe wann wohin)
    ○ Professur an FH wann wo (Rufe wann wohin)

4. **Wolffried Stucky**, 1970

    *Linear realisierbare endliche Automaten*
    - 1971 Stiftungsprofessur U Karlsruhe (nebenamtlich); 1976 U Karlsruhe

5. **Hans-Peter Blatt**, 1971 (gemeinsam mit J. Dörr) [1974 Erlangen]

    *Nicht-lineare gleichmäßige Simultanapproximation*
    *[Rationale Tschebyscheff-Approximation in unbeschränkten Intervallen]*
    - 1975 U Mannheim; 1982 KU Eichstätt (R: 1985 U Siegen)

6. **Otto Spaniol**, 1971

    *Theoretische Untersuchung digitaler Filter*
    - 1976 U Bonn; 1981 U Frankfurt; 1984 RWTH Aachen (R: 1989 TU München)

7. **Gerd Kaufholz**, 1972

    *Über die Vernetzungsstruktur von Maschinen*

8. **Rainer Kemp**, 1973 [1981]

    *LR(k)-Analysatoren*
    *[Über die Strukturfunktionen formaler Sprachen (kumulativ)]*
    - 1982 U Frankfurt; 1990 U Frankfurt (R: 1988 U Münster)

9. **Wolfgang Paul**, 1973

    *Zeitkomplexität von Algorithmen zum Umordnen endlicher Mengen*
    - 1976 U Bielefeld; 1986 U Saarbrücken; 2020 Kutaisi International University (Georgien)

10. **Eberhard Bertsch**, 1973

    *Existenz- und Entscheidbarkeitsfragen der Übersetzungstheorie*
    - 1978 FernU Hagen; 1988 U Bochum

11. **Herbert Kopp**, 1973

    *Beiträge zur Theorie der Programmiersprachen*
    ○ 1977 FH Regensburg

12. **Manfred Stadel**, 1976

    *Das Normalisierungsproblem und der Zusammenhang mit der Zeitkomplexität der kontextfreien Analyse*

13. **Ulrich Schmitt**, 1976

    *SAMSAD ein System zur Ablaufsteuerung, Meßdatenerfassung und Strukturanalyse der Daten*

14. **Wolfgang Weidner**, 1977

    *Der topologische und algebraische Abschluß freier x-Kategorien*

15. **Wolfgang Gräber**, 1977

    *Untersuchung zur Optimierung des Dialogbetriebes des Rechnersystems TR440 / TR86S*

16. **Dung T. Huynh**, 1978

    *Durch Wahrscheinlichkeitsverteilung induzierte Komplexitätsmaße*
    - 1986 Associate Prof. UT Dallas; 1991 Full Prof. UT Dallas

17. **Rockford J. Ross**, 1978

    *Grammar Transformations Based on Regular Decompositions of Context-Free Derivations*
    - 1983 Associate Prof. MSU Bozeman; 1993 Full Prof. MSU Bozeman

18. **Michael Breder**, 1979

    *Sortieren in Magnetblasenspeichern*

19. **Klaus Estenfeld**, 1979

    *Über den Zusammenhang von Pushdowntransduktionen von Bäumen und Funktorpaaren*

20. **Axel Pink**, 1980

    *Der Datentyp Netz*

21. **Jan Messerschmidt**, 1980

    *Zusammenhang zwischen Netzsprachen und Makrosprachen*

22. **Hans Ulrich Simon**, 1981 [1988]

    *Komplexitätsbetrachtungen rationaler Baum- und Netzmengen [Combinatorial Optimization Problems (kumulativ)]*
    - 1990 U Dortmund; 1999 U Bochum

23. **Bernd Becker**, 1982 [1988]

    *Über die kreuzungsfreie, rechtwinklige Einbettung von gewichteten Graphen in die Ebene [Entwerfen, Prüfen und Testen]*
    - 1989 U Frankfurt; 1995 U Freiburg (R: 1992 U-GH Essen)

24. **Rolf Strothmann**, 1982

    *Aspekte der Kommunikation in Systemen mit sehr vielen Prozessoren*

25. **Peter Auler**, 1983

    *Mathematische Maschinen, Simulationen und parallele Systeme*

26. **Johannes Arz**, 1984

    *Natürlichsprachliche Programmierung von Konstruktionen in einem geometrischen Modell*
    ○ 1991 FH Darmstadt

27. **Paul Molitor**, 1986 [1992]

    *Über die Bikategorie der logisch-topologischen Netze und ihre Semantik [Entwurf von VLSI-Schaltungen (kumulativ)]*
    • 1993 HU Berlin; 1994 U Halle-Wittenberg

28. **Reiner Kolla**, 1986 [1990]

    *Spezifikation und Expansion logisch-topologischer Netze [Methoden zum Entwurf höchstintegrierter Schaltkreise (kumulativ)]*
    • 1991 U Bonn; 1993 U Würzburg (R: 1991 U Frankfurt)

29. **Thomas Kretschmer**, 1987

    *Grammatikalgebren*
    ○ 1992? htw Saarbrücken

30. **Franz Josef Schmitt**, 1988

    *Synthese- und Analyseprobleme beim rechnergestützten Entwurf von VLSI-Schaltungen*
    ○ 1990 FH Augsburg

31. **Ursula Becker**, 1989

    *Faltungsfreiheit und Grapheinbettungen*

32. **Reiner Marzinkewitsch**, 1990

    *Ein Arbeitsplatz zum rechnerunterstützten handschriftlichen Rechnen mit mathematischen Formeln*

33. **Hans Georg Osthof**, 1990

    *Optimale Grapheinbettungen und ihre Anwendungen*

34. **Uwe Sparmann**, 1991 [1996]

    *Strukturbasierte Testmethoden für arithmetische Schaltkreise*
    *[Test von VLSI-Schaltkreisen]*

35. **Jürgen Sellen**, 1991

    *Durch kinematische Szenen erzeugte topologische Räume*

36. **Joachim Hartmann**, 1992

    *Analyse und Verbesserung der probabilistischen Testbarkeit kombinatorischer Schaltungen*

37. **Yonggang Guan**, 1992

    *Klammergrammatiken, Netzgrammatiken und Interpretation von Netzen*

38. **Gisela Pitsch**, 1993 (verh. Sparmann)

    *Analyse von Klammergrammatiken*
    ○ 1997 FH Trier / Birkenfeld

39. **Hongzhong Wu**, 1994

    *On the test complexity of VLSI-systems*

40. **Elmar Schömer**, 1994 [1999]

    *Montageplanung mit Kollisionserkennung*
    *[Kollisionserkennung und Kollisionsreaktion]*
    - 2002 U Mainz

41. **Thomas Burch**, 1994

    *Eine graphische Arbeitsumgebung für den parametrisierten Entwurf integrierter Schaltkreise*

42. **Björn R. Schieffer**, 1996

    *Diagnose komplexer Systeme am Beispiel eines Tank-Ballast-Systems*

43. **Christoph Scholl**, 1997 (gemeinsam mit P. Molitor) [2002]

    *Mehrstufige Logiksynthese unter Ausnutzung funktionaler Eigenschaften*
    *[Algorithmen und Datenstrukturen zur automatischen Synthese und Verifikation beim computergestützten Schaltkreisentwurf]*
    - 2002 U Heidelberg, 2003 U Freiburg

44. **Frank Follert**, 1997

    *Geometrische Optimierungsalgorithmen mit Anwendungen in der Planung stereotaktischer Operationen*

45. **Thomas Chadzelek**, 1998

    *Analytische Maschinen*

46. **Frank Schulz**, 1999

    *Adaptive Suchverfahren*

47. **Jens Eckstein**, 1999

    *Echtzeitfähige Kollisionserkennung für Virtual Reality Anwendungen*

48. **Matthias Buck**, 1999

    *Simulation interaktiv bewegter Objekte mit Hinderniskontakten*

49. **Bin Zhu**, 2000

    *Formal Synthesis and Verification of Hierarchical Recursive Circuits Based on an Algebraic Calculus of Nets*

50. **Alexander Gamkrelidze**, 2001

    *Einige Optimierungsmethoden hierarchisch definierter Schaltkreise*
    - 2006 Ass. Prof. I. Javakhishvili Tbilisi State University; 2008 Full Prof. I. Javakhishvili Tbilisi State University (Georgien)

51. **Jörg Sauer**, 2003

    *Nichtholonome Mehrkörperdynamik mit Coulombscher Reibung – Ein skalierbares iteratives Time-Stepping-Verfahren dargestellt am Beispiel physikalischer Spielzeuge*

52. **Timo von Oertzen**, 2003 [2013]

    *Das Konstruktionsproblem*
    *[Statistical Power, Power Equivalence, and Efficient Parameter Estimation in Structural Equation Modeling]*
    - 2011 Ass. Prof. U Virginia, 2016 U der Bundeswehr, München

53. **Tobias Gärtner**, 2008

    *Analytische Maschinen und Berechenbarkeit analytischer Funktionen*

54. **Christopher Durst**, 2010

    *Chameleonlab: ein Ansatz für integriertes wissens- und Workflow-Management in biomedizinischen Forschungslaboratorien unter Verwendung kryofunktionaler Speicherchips*

# #1 Schnorr, Claus Peter[6]

Geboren 4. August 1943. Studium 1962 bis 1966 der Mathematik und Physik an der Universität Saarbrücken. Seine Diplomarbeit trägt den Titel *Untersuchungen von Contextfreien Sprachen nach algebraischen Gesichtspunkten*. Promotion 1967 unter dem Titel *Darstellbarkeit von Sprachen durch freie assoziative Systeme*. Habilitation 1970 in Mathematik. Das Werk *Zufälligkeit und Wahrscheinlichkeit* gibt eine algorithmische Begründung der Wahrscheinlichkeitstheorie.

Ab 1970 Dozent in Saarbrücken, 1971 außerordentlicher Professor an der Universität Erlangen, und ein Jahr später Wechsel an den Fachbereich Mathematik der Johann Wolfgang Goethe-Universität in Frankfurt am Main als Professor. Er war seit 1986 ebenfalls Professor am Fachbereich Informatik (Lehrstuhl Mathematische Informatik) in Frankfurt. Beide Fachbereiche wurden später zusammengelegt. Schnorr wurde 2011 nach 40 Jahren an der Universität Frankfurt emeritiert. Er ist verheiratet und hat drei Kinder.

In den 1970er-Jahren forschte C.P. Schnorr vor allem auf dem Gebiet der Komplexitätstheorie. In den 1980er-Jahren beschäftigte er sich mit algorithmischen Aspekten der Gitterbasenreduktion und erkannte früh die Bedeutung der Kryptographie. Er nahm 1982 an der EUROCRYPT-Tagung auf Burg Feuerstein teil und gilt heute als einer der bekanntesten deutschen Kryptographen. Er entwickelte ein Identifikationsschema auf Basis des diskreten Logarithmus (1989/91), dessen Unterschriften-Variante („Schnorr-Signatur") heute weltweit verwendet wird. Das Verfahren wurde von Schnorr patentiert und war exklusiv an RSA lizenziert (Siemens hatte aber eine nicht-exklusive Lizenz). Die Schutzfrist des Patents ist inzwischen abgelaufen.

Er ist „Distinguished Associate" der RSA Laboratories und Gastdozent an bekannten Hochschulen (Stanford University, University of California, Berkeley, ENS Paris, University of Chicago). 1993 zeichnete die Deutsche Forschungsgemeinschaft seine Leistung mit dem Gottfried-Wilhelm-Leibniz-Preis (gemeinsam mit Johannes Buchmann, damals Universität des Saarlandes) aus.

---

[6]) nach https://de.wikipedia.org/wiki/Claus_Peter_Schnorr

## #2 Walter, Hermann K.-G. †

Geb. am 22. November 1942, gest. 1.12.2017. Studium der Mathematik an der Universität des Saarlandes, Saarbrücken. 1968 Promotion zum Dr. rer. nat. (bei Günter Hotz), Titel der Dissertation: Inhibitionsfelder. 1971 Habilitation, Titel der Habilitationsschrift: Mathematische Modelle für Neuronennetze. 1972 o. Professor für Automatentheorie und formale Sprachen, TU Darmstadt. 2008 Emeritierung.

**Berufliche Tätigkeiten**

Hermann Walter war nach seinem Studium der Mathematik als wissenschaftlicher Assistent bei Prof. Hotz an der Universität Saarbrücken tätig. Nach Promotion und Habilitation wurde er 1972 an die TU (damals noch TH) Darmstadt in den neu gegründeten Fachbereich Informatik berufen. Er war einer der ersten Professoren des Fachbereichs. Als solcher war er maßgeblich am Aufbau der Informatik der TU Darmstadt beteiligt. Mit wissenschaftlicher Kompetenz und Tatkraft setzte er sich als Fachgebietsleiter bis zu seiner Emeritierung im Jahr 2008 für die Weiterentwicklung seines Fachgebietes ein.

Hermann Walter hat zahlreiche wissenschaftliche Arbeiten veröffentlicht, in angesehenen wiss. Zeitschriften (wie, u.a., Acta Informatica, Computing, Elektronische Informationsverarbeitung und Kybernetik, Information and Control, J. of Automata, Languages and Combinatorics, J. of Computer and System Sciences, Math. Systems Theory) sowie auf wissenschaftlichen Konferenzen. Außerdem einige Lehrbücher, so bereits 1968 zusammen mit Günter Hotz ein 2-bändiges Werk über Automatentheorie und Formale Sprachen.

## #3 Claus, Volker

Jahrgang 1944, zweifach verwitwet, 4 Kinder, überwiegend in Norddeutschland beheimatet, 1963-1974 eingebürgerter Saarländer, seit 1992 reingeschmeckter Schwabe.

1963-1967 Studium der Chemie, Physik und Mathematik (3 Vordiplome, 1 Diplom), Hilfskraft in der Kristallographie; Assistent in der Informatik bei Prof. Günter Hotz; bei ihm 1970 Promotion über Schaltkreisrealisierungen. Seit 1972 o. Professor für Informatik in Dortmund (bis 1985), Oldenburg (bis 1992) und Stuttgart (Pensionierung 2009). Eckte gerne an als Studentensprecher der Math. - Nat. Fakultät (1966/67), als Mitglied im Assistentenvorstand (1968-1972) und danach in beliebig vielen Gremien lokal, regional, bundesweit. Hatte das unwahrscheinliche Glück, einen Chef zu haben, der solches Engagement als förderfähig einstufe, bis ich später ab Mai 1972 diese Lehrzeit in konstruktive universitäre Aufbauarbeit als Gründungsdekan der Informatik in Dortmund, als erster Dekan in Oldenburg, als mehrfacher Dekan in Stuttgart und in über-regionalen Vereinigungen umsetzen konnte.

Rückblickend engagierte ich mich im Strukturieren all dessen, was Langlebiges verstetigen soll. Meine diesbezüglichen „Kinder" sind:

- der Bundeswettbewerb Informatik (ab 1979)
- drei GI-Fachgruppen im Bereich Didaktik
- das Informatik-Forum Stuttgart (seit 1996)
- Umstrukturierung des Fakultätentags (2004)
- der Fakultätentagsverbund 4ING (2006)
- die Organisation von 17 Tagungen (1973-2014)
- das Institut OFFIS (Aufbauzeit 1986-1991 in Oldenburg, derzeit 250 Angestellte)
- die Buchreihe Informatik im Teubner-Verlag (1984-2003, heute bei Springer integriert)

In meiner Jugend hätte ich gerne im Jahre 1609 gelebt, um die von Gallilei und Kepler ausgelöste Neubegründung der Physik mitzuerleben. Heute weiß ich, dass ich in einer ebenso fundamentalen Umwälzung mitgewirkt habe: der kompletten Umgestaltung menschlichen Zusammenseins hin zum Informationszeitalter.

## Studium und Karrierebeginn

Mein Studienziel war immer die Theoretische Chemie (und wenn ich wieder auf die Welt kommen sollte, werde ich dies auch vollenden). Über die Vorlesung zur Praktischen Mathematik, die 1965 der frisch habilitierte Günter Hotz hielt, gelangte ich zur Algorithmik und zu dessen Fundierung durch Automaten, mit deren Hilfe es gelingen könnte, passende Moleküle dreidimensional zu verschweißen und mit geeigneten Theorien deren Wirkungen vorherzusagen. Also wurden Maschinencode, Fortran und Algol gelernt und das Seminar über Automatentheorie belegt. Mein dortiger Vortrag über die verschiedenen Äquivalenzen regulärer Mengen war schlecht vorbereitet, fehlerhaft und mit Sätzen wie „Diese Aussage kann man auch beweisen" durchsetzt, voller Hoffnung, hiermit meine Schuldigkeit zum Erreichen des Seminarscheins getan zu haben. Nachdem ich den Zuhörern eine halbe Stunde ihrer Lebenszeit gestohlen hatte, verurteilte mich der Seminarleiter Hotz dazu, den Vortrag in der nächsten Woche noch einmal zu halten, diesmal aber richtig.

Heute vertrete ich die These, dass viele „Karrieren" ähnlich begonnen haben müssen: mit einer Woche Frist bis zur Abwehr der Hinrichtung. In jener Woche habe ich zentrale Beweisverfahren heutiger Theorievorlesungen gründlich verstanden, alles durchdacht präsentiert und wohl einen gewissen Eindruck bei Günter Hotz hinterlassen, der mich ab dann in den Folgejahren kräftig förderte. So blieb die Chemie ab 1967 auf der Strecke und die Informatik wurde zum Mittelpunkt.

## Missionarische Tätigkeiten

Mit solch einem Start ins Leben und mit einer ungewöhnlichen Frau (Einserdiplom mit Diplomarbeit bei Günter Hotz) vereint fällt es nicht schwer, einen Fachbereich Informatik in Dortmund aufzubauen, Lehre zu gestalten, Professuren zu besetzen, wissenschaftlich zu forschen, Tagungen zu organisieren, sich mit anderen Fachbereichen abzusprechen und staatliche Stellen zum Handeln zu bewegen.

Angesichts der prognostizierten Bedeutung hatte für mich der Ausbau der Informatik höchste Priorität. Damals wurde Dortmund die Universität mit den höchsten Informatik-Studierendenzahlen in Deutschland. Diese Spitzenstellung verführt. Der Wunsch wurde laut, möglichst viele Gebiete in Deutschland zu „missionieren", d.h., die Gründung von Informatikfachbereichen aktiv zu unterstützen, gut ausgebildete Informatiker(innen) für Professuren „auf den Markt zu bringen", abgestimmte Ausbildung voranzutreiben und das Bewusstsein für Informatik in allen Bereichen zu fördern. Die Universität Dortmund hat hier einen wesentlichen Beitrag geleistet.

## Konkretes Handeln

Der Gedankenaustausch mit Prof. Hotz blieb bestehen, vor allem im Rahmen von Tagungen. Aber Tagungen sind nicht dauerhaft, sondern eher Blitzlichter in einer abgeschirmten Welt. Dauerhafter dagegen sind Bücher. Prof. Hotz strebte daher eine eigene Buchreihe an: LMI = Leitfäden und Monographien der Informatik beim Teubnerverlag. Selbst bestens überlastet, sorgte er, Hotz, dafür, dass ich dort statt seiner Hauptherausgeber wurde. Im Herausgebergremium trafen wir uns mindestens einmal im Jahr und tauschten Meinungen über kommende Autoren und mögliche Bücher für stabil bestehende wie für aufstrebende Gebiete der Informatik aus, sicher auch mit positiven Folgen für das Vorlesungsangebot in deutschen Hochschulen.

Für mich begann parallel hierzu eine produktive Phase mit dem Ziel, Dauerhafteres als wöchentliche Vorlesungen zu installieren: Kurse zur Lehrerfort-, -weiter- und -ausbildung, Materialien mit Tausenden von Seiten für Lehrkräfte und umfangreiche Fernstudienkurse entstanden, bundesweite Evaluierungen erfolgten, viele Vorträge, nicht nur für eine Informatik-Hörerschaft wurden gehalten, der Schülerduden und der Duden Informatik erschienen und wurden dreimal aufwendig aktualisiert. Bundesweit führte ich die ersten drei Computerwettbewerbe für Schüler*innen durch und entwickelte hieraus 1984 den heutigen Bundeswettbewerb Informatik, den ich bis 1992 leitete.

1985 war es wieder Günter Hotz, der meinen Arbeitsplatz neu ausrichtete. Die Universität Oldenburg installierte damals einen Fachbereich Informatik und suchte einen „Eckprofessor". Herr Hotz machte mir klar, dass ich das zu sein habe. Ein dauerhaftes konkretes Ergebnis dieses Gesprächs war 7 Jahre später die Gründung des Oldenburger Forschungsinstituts OFFIS, ein heutiges Vorzeige-An-Institut.

## Lehre und Forschung

Prof. Hotz hatte bei seinen Vorlesungen hin und wieder die Angewohnheit, bei gewissen Themen tags zuvor einen neuartigen Zugang zu entwickeln und diesen am nächsten Tag in der Vorlesung zu präsentieren. Weil der Teufel im Detail steckt, ging dies bei Beweisen manchmal schief; dann stockte er, überlegte und wechselte auf eine übliche Vorgehensweise, was den Vorlesungsinhalt rettete, aber neu eingeführte Definitionen als Relikte hinterließ. Hermann Walter (#2) und ich hatten dann später die Aufgabe, seinen neuen Ansatz zum Erfolg zu führen, was oft (!), aber nicht immer gelang. Solche Vorlesungen waren sicher die beste Schulung für den Hochschullehrernachwuchs; allerdings waren fast alle Studierenden total überfordert.

Die Lehre bildete seitdem bei mir einen Schwerpunkt. Besonders stolz bin ich auf die bundesweit erstmalige Einführung von „Projektgruppen" in das Informatikstudium Ende 1972: Fünf Studenten vollzogen das LR(k)-Analyseverfahren zur Syntaxprüfung deterministisch-kontextfreier Sprachen nach und implementierten große Teile (forschungsnahes Thema, Seminar, Spezialvorlesung, Projektarbeit miteinander integriert, höchstens 8 Mitglieder plus einem Assistenten und einem „Kunden", Vermittlung von Selbstverantwortung und Team-Arbeit). Heute sind Projektarbeiten überall verankert, allerdings werden sie oft wie klassische Praktika durchgeführt, schulen also einfache Vorgehensweisen und nur selten Eigenverantwortung. Generell galt immer der Informatik-Ausbildung in allen Altersstufen mein Interesse, was sich in Didaktik-Vorlesungen, Mitwirkung in Programmkomitees, Vorträgen, Berufungskommissionen, Tagungen, Materialien usw. ausdrückte. Auch hierfür verlieh mir die Universität Koblenz-Landau 2003 die Ehrendoktorwürde.

Forschung war damals vor allem Einzel-Forschung. Das habe ich übernommen, und fast alle Arbeiten an meinen Lehrstühlen sind Individual-Leistungen gewesen. Sie entstammen den Gebieten Entscheidbarkeitstheorie, Automatentheorie, Formale Sprachen, Aufwärtsübersetzung, Graphentheorie, Anwendungen im Verkehr, Evolutionäre Algorithmen, Büroautomatisierung, Didaktik.

**Selbstverantwortung**

Vielleicht ist sie das Wichtigste, was ich bei Prof. Hotz lernte. Ich bekam Aufgaben, die mich auf den ersten Blick überforderten. Z.B.: „Übernehmen Sie bitte in drei Tagen für 20 Begleitpersonen einer Tagung die Reiseführung in die Vogesen." (ich war dort noch nie und sprach kein Wort Französisch.), „Organisieren Sie bitte in den nächsten Monaten alles, was mit unserer Tagung in Oberwolfach zu tun hat. Die Bettenzahl reicht nicht. Ausflüge sind zu planen. Am Ende muss ein Tagungsband an den Verlag geschickt werden. Naja, Sie wissen schon ....", „Herr Claus, wir brauchen noch eine Spezialvorlesung – vielleicht über Ihr Gebiet der Stochastischen Automaten?", „Können Sie den Vorsitz der Studienplankommission Informatik übernehmen?". Er übertrug mir 24-jährigem die Vorlesung über ALGOL 60 mit 120 viel, viel älteren Hörer*innen, schleuste mich 26-jährigen in den Vorstandsrat der (angesehenen!) GAMM = Gesellschaft für Angewandte Mathematik und Mechanik, empfahl mich 27-jährigen für eine Universitätsprofessur für Programmiersprachen und formte mich nebenbei zu einem kritischen Methodiker. Diese Selbstverständlichkeit, mit der er einem kleinen unerfahrenen Assistenten dieses zutraute, war vermutlich der stärkste Impuls für meinen künftigen Arbeitsweg. (Gibt es solche zwangsbeglückten, aber letztlich doch nicht überfordernden Professoren noch?)

**Was bleibt?**

Die meisten Wissenschaftler*innen haben wohl den Wunsch, dass ihre Arbeit die Zeit überdauert und sie lokale oder globale Spuren hinterlassen. Was wird von den Leistungen von Günter Hotz (oder von meinen Doktorgeschwistern oder von mir) übrig bleiben? Für mich kann ich sagen: Relativ zu meinen denkbaren Spuren in der Wissenschaft Informatik sind die Hotz'schen Spuren bedeutend größer.

Vor kurzem habe ich zu diesem Thema *Was-bleibt?* einen Historiker befragt. Seine emotionslose Antwort: „Lieber Herr Claus, das entscheiden weder Sie noch ich. Das entscheiden meine Kollegen Historiker in 50 oder mehr Jahren."

Daher mein emotionsreiches Fazit an alle Leser*innen bzw. an alle Anwesenden: Lassen Sie uns den Jubilar Günter Hotz heute gebührend feiern, solange seine besonders starken Spuren für uns so gut sichtbar sind. Und wie deutlich sie sind, zeigt dieses Buch.

# #4 Stucky, Wolffried

Geb. am 5. November 1939 in Bad Kreuznach, aufgewachsen in einem kleinen Dorf im Saarland, heute wohnhaft in Worms. März 1958 Abitur am Staatlichen Realgymnasium St. Ingbert (humanistischer Zweig). 1 ½ Jahre Bundeswehr, als Leutnant der Reserve entlassen. Ab WS 1959/60 Studium an der Universität des Saarlandes, Saarbrücken: 4 Sem. Wirtschaftswissenschaften, 12 Sem. Mathematik, Sept. 1965 Diplom in Mathematik; Mai 1970 Promotion zum Dr. rer.nat. (bei Günter Hotz), Titel der Dissertation: Linear realisierbare endliche Automaten.

**Berufliche Tätigkeiten:** 1965 - 1970 wiss. Mitarbeiter / wiss. Ass. am Institut für Angewandte Mathematik der Universität des Saarlandes; Arbeitsgebiete angewandte Mathematik, theoretische Informatik. 1970 - 1975 wiss. Mitarbeiter / Biometriker in der pharmazeutischen Industrie; Arbeitsgebiete Biometrie und Statistik, wiss. Datenverarbeitung (Boehringer Mannheim, E. Merck Darmstadt). Ab 1971 zusätzlich (nebenamtlich) Inhaber des Stiftungslehrstuhls für Organisationstheorie und Datenverarbeitung (Mittlere Datentechnik) an der Fakultät für Wirtschaftswissenschaften der Universität Karlsruhe. 1976 - 2008 o. Professor für Angewandte Informatik an der Universität Karlsruhe (TH) (jetzt: KIT – Karlsruher Institut für Technologie); Emeritierung zum 1.4.2008.

**Aktivitäten an der Universität Karlsruhe:** Aufbau des Instituts für Angewandte Informatik und Formale Beschreibungsverfahren (AIFB) als Informatik-Institut der Fakultät für Wirtschaftswissenschaften (zusammen mit Prof. Dr. Dr.h.c. Hermann Maurer, jetzt TU Graz), Sprecher der kollegialen Institutsleitung bis zur Emeritierung. **Lehre und Forschung**: Datenbanksysteme und betriebliche Informationssysteme, Datenmodellierung, Prozessmodellierung, Geschäftsprozesse (business processes), Workflowsysteme, Informatikstrategie in Unternehmen, eLearning. **Beteiligung an Ausgründungen** (i.d.R. zeitlich befristet) sowie Unterstützung von Ausgründungen von Mitarbeitern und Absolventen.

Daneben von 1999 bis 2012 **Direktor am FZI** – Forschungszentrum Informatik an der Universität Karlsruhe. **Mitglied des Vorstandes** von 2001 bis 2004 und 2009 bis 2011. Seit 2013 Direktor emeritus.

**Akademische Aktivitäten innerhalb der Universität Karlsruhe (u.a.):** Vielfältige Aktivitäten über viele Jahre in Gremien von Fakultät und Universität. **Fakultät für Wirtschaftswissenschaften**: langjähriges Mitglied des Fakultätsrates (bis Sept.

2008). Dekan 1984 - 1986 und 2004 - 2008. **Universität**: langjähriges Mitglied im Senat und im Verwaltungsrat (als Dekan und als gewählter Vertreter der Professoren).

**Akademische Aktivitäten im universitären Bereich außerhalb Karlsruhes (u.a.):** Beteiligung an mehreren Berufungs-, Habilitations- und Evaluationsverfahren anderer Universitäten und Forschungseinrichtungen für die Fachgebiete Informatik/ Praktische Informatik/ Wirtschaftsinformatik/ Medizinische Informatik (D-A-CH und Luxemburg).

**Aktivitäten in div. wissenschaftsorientierten Organisationen und Institutionen (u.a.): WKWI** – Wissenschaftliche Kommission Wirtschaftsinformatik des Verbandes der Hochschullehrer für Betriebswirtschaft e.V.: Koordinator der Arbeitsgruppe *Ausstattungsempfehlungen für Wirtschaftsinformatik-Einheiten an wissenschaftlichen Hochschulen*. **IBFI** – Internationales Begegnungs- und Forschungszentrum für Informatik Schloss Dagstuhl (jetzt: Schloss Dagstuhl – Leibniz-Institut für Informatik) Mitglied des Wissenschaftlichen Beirates 2003 - 2011. **Max-Planck-Institut für Informatik** Saarbrücken: Mitglied des Kuratoriums 1997 bis 2015, ab Nov. 1999 Vorsitzender des Kuratoriums.

**Gründungsaktivitäten (u.a.)** (Gründungsdatum): **ISB** Institut für Software-Entwicklung und EDV-Beratung GmbH (5.12.1980). **INOVIS** GmbH & Co. computergestützte Informationssysteme (27.6.1985). **PROMATIS** Informatik GmbH & Co. KG (21.2.1990). **DLGI** Dienstleistungsgesellschaft für Informatik mbH (8.10.1998).

**Sonstige Aktivitäten in Organisationen und Institutionen (u.a.): GI** – Gesellschaft für Informatik e.V.: 1995 Mitglied des Präsidiums, 1996 - 1997 Präsident. **FIZ Karlsruhe** – Fachinformationszentrum Karlsruhe Gesellschaft für wissenschaftlich-technische Information mbH *(heute: Fachinformationszentrum Karlsruhe – Leibniz-Institut für Informationsinfrastruktur GmbH)* Vertreter der GI und DMV in den Gesellschafterversammlungen, von GI und DMV im Aufsichtsrat 1996 - 2014. **CEPIS** – Council of European Professional Informatics Societies *(„... the representative body of national informatics associations throughout greater Europe representing over 450.000 ICT and informatics professionals in 29 countries."):* Mitglied des Vorstandes *(executive committee)* 1998 - 2004: vice president, president elect, president, past president.

**Publikationsverzeichnis u.ä.** (u.a.): ca. 100 Artikel in wiss. Zeitschriften, Conference Proceedings, Sammelwerken sowie etwa 10 Bücher.

**Auszeichnungen und Ehrungen** (u.a.): 2000 University **Honorary Professor** der Yunnan University, Kunming, China. 2002 **BIT Advisory Professor** des Beijing Institute of Technology, Beijing, China. 2006 **Fellow der GI**. 2007 Ehrendoktorat (**Dr. oec. h.c.**) der Universität St. Gallen (HSG). 2008 Verdienstkreuz 1. Klasse des Verdienstordens der Bundesrepublik Deutschland.

## Günter Hotz und die Anfänge der Gesellschaft für Informatik

Die Gründung der Gesellschaft für Informatik erfolgte im Jahr 1969. An der Universität des Saarlandes in Saarbrücken gab es zu dieser Zeit am Institut für Angewandte Mathematik zunächst den Chef, Professor Dr.-Ing. Johannes Dörr – ein numerischer Mathematiker, der aber einige Jahre zuvor zwei fachlich eher nicht zur numerischen Mathematik tendierende junge Männer im Rahmen eines Habilitationsstipendiums an sein Institut geholt hatte, nämlich zwei gestandene Informatiker, die schon Industrieerfahrung bei Telefunken gesammelt hatten: Wolfgang Händler, der sich 1962 habilitierte und dann das Institut bereits wieder Richtung Hannover bzw. Erlangen verlassen hatte, und Günter Hotz, mit Habilitation 1965 und dann nach kurzer Lehrtätigkeit außerhalb des Saarlandes als Professor zurück am Institut für Angewandte Mathematik. Dazu mehrere wissenschaftliche Mitarbeiter: zwei – wie man heute sagen würde – postDocs, nämlich Claus-Peter Schnorr und Hermann Walter, die Nummern 1 und 2 der heutigen Liste, die bereits 1967 bzw. 1968 ihre Promotion bei Günter Hotz abgeschlossen hatten, sowie 4 „praeDocs", die ihre Promotion noch vor sich hatten: Volker Claus, ich selbst, Hans-Peter Blatt und Otto Spaniol (Nr. 3-6 der Liste); und noch etwa 4-6 weitere, die nicht zum Kreis der Doktoranden von Günter Hotz gehörten.

Wir saßen alle im damals neuen Mathematikgebäude, im ersten Stock.

Dann, in der ersten Juli-Woche 1969: Prof. Hotz spricht mit all den oben Erwähnten – ich weiß nicht mehr ob mit allen zusammen in einem Gespräch, oder verteilt auf mehrere kleinere Gespräche. Er teilt uns mit, dass er am Freitag in der vergangenen Woche, also am 27.6.1969, an einer Besprechung im BMwF (= Bundesministerium für wissenschaftliche Forschung), einer Sitzung des Ausschusses „Einführung von Informatik-Studiengängen" teilgenommen hat und dass man dort beschlossen hat, eine Gesellschaft für Informatik zu gründen. Er bittet uns, dass wir uns an dieser Gründung beteiligen, und wenn wir jetzt gleich oder bald mitmachen, dann würden wir auch noch als Gründungsmitglieder zählen. Dieser Bitte konnten wir uns natürlich nicht verschließen, zumal wir bis dahin ja nur die amerikanischen Fachgesellschaften ACM und IEEE Computer Society kannten und eine entsprechende deutsche Fachgesellschaft sicher als sehr nützlich ansahen. Und ich glaube, dass auch die Tatsache „Gründungsmitglied" eine gewisse Rolle gespielt hat.

Wir – das sind die 6 Personen aus der erwähnten Liste sowie drei weitere Kollegen – beschlossen also mitzumachen, und am darauffolgenden Montag, den 7 Juli, verfassten wir einen gemeinsamen Brief an Prof. F.L. Bauer von der TH München: wir schrieben, dass uns Prof. Hotz mitgeteilt habe, dass „am 27. Juni 1969 in Bonn ein Ausschuß zur Gründung einer Gesellschaft für Informatik ins Leben gerufen" worden sei und dass wir „an diesem Vorhaben sehr interessiert" seien und „dem Gründungsausschuß gerne beitreten" würden. Adressat und Inhalt dieses Briefes war sicher so von Prof. Hotz vorgeschlagen worden.

**Was genau ist bis jetzt passiert, und wie ging's weiter?**

Das Bundesministerium für wissenschaftliche Forschung (BMwF) bildete im Januar 1967 einen Fachbeirat für Datenverarbeitung (FDV) zur Planung des „1. DV-Programms der Bundesregierung" (zur Förderung der Forschung und Entwicklung auf dem Gebiet der Datenverarbeitung). Die Mitglieder des FDV haben wohl erkannt, dass man für Forschung und Entwicklung dann auch entsprechend ausgebildete junge Leute braucht, und haben entsprechend im Sommer 1968 einen Ausschuss „Einführung von Informatik-Studiengängen" eingerichtet, unter dem Vorsitz von R. Piloty aus Darmstadt.

Einige Mitglieder dieses Ausschusses waren andererseits wohl schon längere Zeit in entsprechenden Ausschüssen und Arbeitskreisen anderer Fachgesellschaften (wie etwa GAMM oder NTG) aktiv und aufgrund langjähriger Tätigkeit zu der Überzeugung gelangt, dass dort verständlicherweise die Informatik nur am Rand des Interesses steht und dass man auf diese Art die Interessen der Informatik nicht ausreichend zur Geltung bringen kann.

In diesem Stadium einer allgemeinen Unzufriedenheit ergriff Prof. Friedrich L. Bauer von der TU (damals noch TH) München die Initiative: Bei der 4. Sitzung des o.e. Ausschusses am 27.6.1969 im BMwF in Bonn überreichte er den Sitzungsteilnehmern eine leere Liste, die nur handschriftlich eine Überschrift in großen Buchstaben „GESELLSCHAFT FÜR INFORMATIK E.V." sowie darunter das Wort „Gründungsmitglieder" enthielt, mit der Anregung, durch Unterschrift die Gründung einer GI zu unterstützen. Diesem Gründungsaufruf folgten 18 Personen (unter ihnen G. Hotz) durch ihre Unterschrift auf der Sammelliste; Prof. Bauer schloss die Liste durch das aktuelle Datum ab.

Damit war praktisch die GI als „Vorverein" gegründet; die „richtige" Gründung, mit Satzung usw. stand noch bevor. In der Zwischenzeit wurden von den Teilnehmern der Vor-Gründung in ihren jeweiligen Heimatorten weitere Mitglieder geworben. Prof. Bauer erweiterte seine Sammelliste auf die Rückseite und eine weitere dritte Seite; weitere Personen meldeten schriftlich ihren Wunsch nach Teilnahme an.

Die eigentliche Gründungssitzung fand dann am 16.9.1969 statt, wiederum im BMwF in Bonn, am Rande der 5. Sitzung des o.e. Ausschusses (an der Günter Hotz wieder als Gast teilnahm). Der Ausschuss hatte inzwischen aber seinen Namen geändert zu „Überregionales Forschungsprogramm Informatik" (bekannt danach lange unter der Abkürzung „ÜRF Informatik"). An der Gründungssitzung nahmen 25 Personen teil. Die Leitung übernahm der Leiter der Ausschuss-Sitzung, Prof. Piloty, der zunächst nochmals den Zweck der Zusammenkunft bekanntgab. Danach wurde ein von Prof. Bauer vorgelegter Entwurf für eine Satzung diskutiert und verabschiedet. Die Satzung enthält (nur) neun Paragraphen; § 6 lautete „Der Vorstand besteht aus einer Person. Er wird von der Mitgliederversammlung gewählt." In der sich anschließenden Wahl des Vorstandes wird von den übrigen 24 Teilnehmern in Abwesenheit von Günter Hotz dieser einstimmig und ohne Enthaltung zum Vorstand gewählt! Prof. Hotz nimmt die Wahl an und übernimmt den weiteren Vorsitz der Versammlung, in der dann noch drei Ausschüsse gewählt werden. Protokoll einschließlich Mitgliederliste und Satzung werden von den Sitzungsteilnehmern unterschrieben (wobei 4 Personen die Sitzung schon vorher verlassen mussten).

Somit ist ab 16.9.1969 die Gesellschaft für Informatik gegründet, „Gründungsmitglieder" (im juristischen Sinn) sind die Teilnehmer der Sitzung; der Verein muss dann noch eingetragen werden. Und **Gründungsvorsitzender ist Günter Hotz!** Am 26.9.1969 meldet Prof. Hotz den Verein mit allen notwendigen Unterlagen beim Amtsgericht Bonn zur Eintragung ins Vereinsregister an, die Eintragung erfolgt dann am 29.10.1969. Damit ist die GI nun ein „eingetragener Verein", trägt also den Zusatz „e.V.", mit allen damit zusammenhängenden Rechten und Pflichten.

Ab diesem Zeitpunkt erhalten die Mitglieder eine Mitgliedsnummer fortlaufend nach dem Tag ihrer Anmeldung. Die bis dahin angemeldeten Vereinsmitglieder werden als „Mitglieder der GI-Gründungsphase" bezeichnet; die letzten zwei Anmeldungen vor dem 29.10. erfolgten am 1.10.1969. Mit diesen zusammen sind es nun 69 Mitglieder der GI-Gründungsphase. Die Vergabe der Mitgliedsnummern an diese „Gründungszeitmitglieder" erfolgt aber alphabetisch, nach dem Nachnamen (ich glaube, hier hat Hermann Walter einen solchen Vorschlag mit Günter Hotz besprochen – um unsere Stellung als Mitglieder der Gründungsphase etwas hervorzuheben und all diese dann gleich zu behandeln wie die „richtigen" Gründungsmitglieder ): beginnend mit 1 für Prof. F.L. Bauer bis 69 für Prof. H. Zemanek aus Wien. Für die Saarbrücker Mitglieder, soweit sie oben namentlich genannt sind, bleiben also die Mitgliedsnummern 5 – 9 – 32 – 58 – 59 – 62 – 64, für Blatt – Claus – Hotz – Schnorr – Spaniol – Stucky – Walter.

Die erste Mitgliederversammlung fand im März 1970 in Bonn statt, mit bereits ca. 200 Mitgliedern. Bei dieser MV wurde die Satzung geändert: der Vorstand wurde auf drei Personen erhöht, der Vorsitzende Hotz erhielt zwei Stellvertreter: Dr. Eike Jessen (damals AEG-Telefunken Konstanz) und Prof. Karl-Heinz Böhling (Uni Bonn und GMD Bonn – Gesellschaft für Mathematik und Datenverarbeitung, Schloss Birlinghoven). Und natürlich hatten wir, bzw. mindestens einige von uns, an dieser MV teilgenommen. Bei der dritten MV im Oktober 1971, am Rande der ersten Informatik-Jahrestagung in München, erfolgte dann eine Neuwahl des Vorstandes; Günter Hotz wechselte in ein „Präsidium" (aus wieviel Personen das zu dieser Zeit bestand, kann ich im Augenblick nicht mehr feststellen).

All diese Details mit den entsprechenden Schriftstücken, soweit nicht selbst miterlebt, hat Fritz Krückeberg, Professor an der Universität Bonn und wissenschaftlich-technischer Geschäftsführer und Vorstandsvorsitzender der damaligen GMD Bonn (heute ein Institut der Fraunhofer-Gesellschaft), mit dem ich während meiner GI-Präsidentschaft auch mehrere Male zusammenkam, zusammengetragen und im folgenden Bändchen der GI veröffentlicht:

[Krü01] Fritz Krückeberg: Die Geschichte der GI. Veröffentlichungen und Dokumente zur Geschichte und Entwicklung der GI. Gesellschaft für Informatik, 2. Auflage 2001.

**Und nun: warum ...**

... habe ich mich solange mit der Gründungsgeschichte der GI aufgehalten?

Nun: Einmal, weil wir das alles (oder fast alles) ja hautnah miterlebt haben, aber dann und vor allem auch, weil ich selbst in meinem späteren beruflichen Leben immer wieder mit der GI zu tun hatte. Wobei solche Situationen entweder in irgendeiner Weise mit Günter Hotz zusammenhingen oder bei denen Günter Hotz auch direkter Auslöser war.

Und das Ganze begann so: Ich hatte damals eine Stelle als wiss. Assistent (Verwalter), die dem Lehrstuhl von Prof. Dörr zugeordnet war, für den ich auch die üblichen Assistenten-Tätigkeiten verrichtete. Da Prof. Dörr aber wusste, dass meine Hauptinteressen nicht der numerischen Mathematik, sondern der Informatik gehörten, wollte er nach meiner abgeschlossenen Promotion im Mai 1970 die Stelle wieder mit einem numerisch ausgerichteten Assistenten besetzen. Bei Prof. Hotz war aber keine weitere Stelle frei, und so bewarb ich mich in der Industrie (und bekam auch sehr gute Angebote, die ich im Übrigen mit Prof. Hotz besprechen konnte). Ich nahm per 1.8.1970 ein Angebot als Biometriker in der pharmazeutischen Industrie in Mannheim an, an eine mögliche Universitätskarriere verlor ich keinen Gedanken mehr. Dann, am 24.11.1970 erreichte mich in meiner Wohnung in Lampertheim ein Telegramm mit folgendem Wortlaut: „Bitte senden Sie noch heute Abend Ihre Sonderdrucke und Lebenslauf an Professor Dr. xxx, Institut für yyy der Universität Karlsruhe. G. Hotz". Was tut man? Man packt! Am nächsten Tag kam ein Anruf von Prof. xxx in die Firma, es folgten ein Besuch in Karlsruhe, ein Besuch bei Prof. Hotz in Saarbrücken, ein Vortrag in Karlsruhe usw. Im Endergebnis, etwa ½ Jahr später, bietet mir Karlsruhe die Leitung des Stiftungslehrstuhls Mittlere Datentechnik an. Ich nehme das Angebot an, zur nebenamtlichen Wahrnehmung, bis ich dann zum 1.1.1976 auf einen ordentlichen Lehrstuhl für Angewandte Informatik berufen wurde.

Wg. meiner Affinität zur GI war ich dann ziemlich gleich in Fachgruppen der GI aktiv. Ende der 80er, Anfang der 90er Jahre beteiligte ich mich an der Umstrukturierung des Fachbereichs 5 „Wirtschaftsinformatik". Dabei konnte ich darauf hinwirken, dass sich die Wirtschaftsinformatik nicht in einer eigenen Fachgesellschaft organisierte. Für die Jahre 1996 und 1997 wurde ich zum Präsidenten der GI gewählt; bin damit der zehnte Nachfolger von Prof. Hotz in dieser Position (wenn auch die Amtsbezeichnung „Präsident" erst später eingeführt worden war). Als

Folge davon war ich dann von 2001 bis 2003 (für 2 Jahre) *president* von CEPIS, der Dachorganisation der europäischen nationalen Informatik-Fachgesellschaften; für ein Jahr davor *president elect*, ein Jahr danach *past president*. In dieser Zeit haben wir für CEPIS ein Büro in Brüssel eingerichtet und mit Aktivitäten im europäischen Rahmen begonnen. Heute ist CEPIS als eine europäische Organisation in Brüssel eine bekannte und gefragte Größe.

Als GI-Präsident war ich auch qua Amt Mitglied des Aufsichtsrates des IBFI in Dagstuhl, später (von 2003 bis 2011) Mitglied des Wissenschaftlichen Beirates. Das IBFI wurde von der GI eingerichtet, wie bekannt unter starker Mitwirkung von Günter Hotz. Vorbild für das IBFI war das Mathematische Forschungsinstitut in Oberwolfach, das in den frühen Jahren der Informatik für einige (wenige) Seminare auch von der Informatik genutzt werden konnte. Ich erinnere mich an ein Seminar im Oktober 1969, in dem ich einige Ergebnisse meiner Dissertation vorstellen durfte. Der Vortrag wurde interessiert aufgenommen, es gab danach eine längere Diskussion; und hinterher sagte Prof. Hotz zu mir: „Herr Stucky, jetzt können Sie zusammenschreiben und abgeben!" In den letzten Tagen des Jahres 1969 gab ich dann die Dissertation ab.

Im zweiten Jahr meiner GI-Präsidentschaft wurde ich vom Präsidenten der Max-Planck-Gesellschaft als GI-Präsident ins Kuratorium des Max-Planck-Instituts für Informatik in Saarbrücken berufen und blieb dort dann auch später, bis zum Jahr 2015, ab 1999 als Vorsitzender des Kuratoriums. Und dass Hotz an der Errichtung des Max-Planck-Instituts für Informatik in Saarbrücken auch einen großen Anteil hatte, ist sicher ebenfalls bekannt.

Somit kann ich schlussendlich für mich feststellen: ohne Günter Hotz keine Universitätskarriere, keine GI-Präsidentschaft, keine CEPIS-Präsidentschaft, keine Aktivitäten mit Dagstuhl, kein Kuratorium am Max-Planck-Institut für Informatik, und mit Sicherheit (weil das ja mit Sicherheit auch auf Aktivitäten in diesem Rahmen beruht) auch kein Ehrendoktorat der Uni St. Gallen (HSG) und auch kein Bundesverdienstkreuz.

Lieber Herr Hotz, für all das: herzlichen Dank!

# #5 Blatt, Hans-Peter

Geboren in Blieskastel am 10. April 1943. 1962–1968 Studium der Mathematik und Physik an der Universität des Saarlandes. 1968 Diplom in Mathematik. 1968–1971 Verwalter der Dienstgeschäfte eines Wissenschaftlichen Assistenten am Institut für Angewandte Mathematik der Universität des Saarlandes. 1971 Promotion in Mathematik an der Mathematisch-Naturwissenschaftlichen Fakultät der Universität des Saarlandes bei Johannes Dörr und Günter Hotz mit einem Thema der Angewandten Mathematik. 1971–1975 Assistent und Oberingenieur am Institut für Angewandte Mathematik 1 der Universität Erlangen-Nürnberg. 1974 Habilitation an der Technischen Fakultät der Universität Erlangen-Nürnberg. 1975–1982 Wissenschaftlicher Rat und Professor an der Fakultät für Mathematik der Universität Mannheim. 1982 Ruf auf die C4-Professur für Mathematik-Angewandte Mathematik der Katholischen Universität Eichstätt-Ingolstadt. 2011 Emeritierung.

# #6 Spaniol, Otto

Geboren am 11.04.1945. 1964-1968 Studium der Mathematik an der Universität des Saarlandes mit Abschluss Dipl.-Math. 1971 Promotion zum Dr. rer. nat. mit *Theoretische Untersuchung digitaler Filter*. 1972.1967 Assistenz-Professor an der Universität des Saarlandes. 1967-1981 Professor für Betriebssysteme an der Universität Bonn. 1981-1984 Lehrstuhl für Betriebssysteme an der Johann Wolfgang Goethe-Universität Frankfurt/Main. Seit 1984 Lehrstuhl für Kommunikation und verteilte Systeme an der RHTH Aachen. 2010 Emeritierung.

Otto Spaniol, berühmt geworden durch seine Aloha-Netzwerke, war der Herausgeber einer Fachzeitschrift für den Einsatz von Informationssystemen, *PIK – Praxis der Informationsverarbeitung und Kommunikation*, die bei De Gruyter erschien. Unter dem Pseudonym *Alois Potton*[7] veröffentlichte er das Buch *Abgründe der Informatik: Geheimnisse und Gemeinheiten*.

---

[7] „Sein respektloser Stil trug Otto Spaniol – auch wenn er sich zunächst hinter Alois Potton verbergen konnte – einen Ruf ein, den der Emeritus nun angenommen hat ... Es war das Privileg des Narren, den über Kritik scheinbar Erhabenen die Leviten zu lesen." (Christian Bala/pmz, c't, 2012)

## #7 Kaufholz, Gerd

Geboren am 02.07.1946 in Dillingen. 1967-1970 Studium der Mathematik und Physik an der Universität des Saarlandes, bis April 1974 Wissenschaftlicher Angestellter im Fach-bereich Angewandte Mathematik und Informatik bei Prof. Dr. Günter Hotz (1973 Promotion, Thema „Vernetzungs-strukturen von Maschinen"). Auf seinen Rat hin, eine begrenzte Zeit in der Industrie zu verbringen, trat ich im Mai 1974 im IBM-Labor Böblingen in der Systementwicklung eine Stelle an.

Mein Arbeitsleben im Hardwarebereich war eng verbunden mit der wechselvollen Geschichte der S/370 Systeme („Mainframes"). Bis in die 1980er Jahre gab es kontinuierliches Wachstum durch Weiterentwicklungen, bis die bipolare Technologie (Strombedarf, Wasserkühlung, Kosten) an ihre Grenzen kam. Auf Basis der in Böblingen entwickelten ersten auf CMOS-ICs basierenden Systeme konnte dank der rasanten Technologieentwicklung ab Mitte der 90er Jahre erfolgreich der Technologiewechsel eingeläutet werden. Mit Architekturerweiterungen und Öffnung der Plattform (u.a. 64bit-Addressing, Untertützung von Linux) begann ab 2000 unter dem Namen „zSeries" (später „z Systems") das Comeback des „Mainframes". Am Beginn meiner insgesamt spannenden IBM-Zeit lernte ich zunächst als „Spezialist" in der Systemintegration die Systeme bis in alle Details kennen, wurde 1980 Leiter der Firmwareentwicklung und 1885 Entwicklungsleiter für zwei weitere Systeme. Nach einem HQ-Assignment in Somers (NY) von 1990-94 übernahm ich die Systemstrategie und Designaufgabe für das Böblinger HW Labor. Mit dem Übergang zu den CMOS-Systemen wurden die beteiligten Entwicklungslabore in USA und Böblingen zu einem „Global Lab" integriert, in dem ich von 1996-99 in Poughkeepsie (NY) die Aufgabe der Gesamtorganisation übernahm. Nach Böblingen zurückgekehrt, war ich auf Laborebene zwischen HW und SW als Berater für neue Projektinitiativen tätig. So entstanden u.a. auf Basis neuartiger Processorchips („Cell-Chips"), Blade-Packagingkonzepten und Linux effiziente Plattformen für Projekte mit Universitäten und Forschungsinstituten bis hin zu Supercomputern.

Im Juli 2006 trat ich nach einem erfüllten Berufsleben in den Ruhestand. Wie man sieht, kehrte ich nicht mehr in eine Universitätslaufbahn zurück und bin rückblickend Prof. Hotz für die damalige Weichenstellung sehr dankbar.

## #8 Kemp, Rainer †

Geboren 1949, gest. am 14.05.2004. Studium der Informatik und Mathematik an der Universität des Saarlandes. 1973 Promotion bei Günter Hotz mit einem Dissertationsthema aus dem Gebiet der formalen Sprachen. 1981 als einer der Ersten in Deutschland im Fach Informatik habilitiert. Nachfolgend Assistenz-Professor am Fachbereich Informatik der Universität des Saarlandes. Ab 1982 Professor an der Johann Wolfgang Goethe-Universität Frankfurt am Main.

Nachfolgend noch eine kleine Anekdote über Rainer Kemp, erzählt von Günter Hotz (nach Frank Schulz, #46):

In den 1970er Jahren gab es im Keller des Instituts die CDC 3300, die – wie damals üblich – ausschließlich im Batch-Betrieb lief. Man brachte – in Form eines Stapels von Lochkarten – sein Programm dorthin, das dann ausgeführt wurde, wenn die vorhergehenden Programme abgearbeitet waren, was regelmäßig auch mal einige Stunden dauern konnte. Nachdem das eigene Programm fertig war, konnte das Ergebnis als Papierausdruck abgeholt werden.

Das Einlesen jedes Befehls des Maschinencodes des Programms verursachte bei der CDC 3300 einen elektromagnetischen Impuls, der als Knack-Geräusch in einem Mittelwellen-Empfänger hörbar war. Rainer Kemp hatte die Performance seiner Programme derart optimiert, dass sie schneller liefen als andere Auswertungen, was zu einer höheren Frequenz der Knack-Geräusche führte. Mit Hilfe eines Radios an seinem Arbeitsplatz konnte er somit erkennen, wenn sein Programm an der Reihe war und zeitnah die Resultate abholen.

Eine weitere Anekdote, zur „Winterfestigkeit" von Rainer Kemp, findet sich im Beitrag von Hans Georg Osthof (#33).

Rainer Kemp hinterließ ein umfangreiches wissenschaftliches Œuvre, das z.B. von Philippe Flajolet, Markus Nebel und Helmut Prodingerin in *The Scientific Works of Rainer Kemp (1949–2004)*[8] gewürdigt wurde.

---

[8]) https://citeseerx.ist.psu.edu/viewdoc/summary?doi=10.1.1.78.5990

# #9 Paul, Wolfgang[9]

**Über das Bauen von Türmen**

Hotz nennt zwei Gründe, warum Studierende Vorlesungen besuchen sollen: ‚i) weil es das Leben taktet und ii) um zu sehen ‚wie er (der Vortragende) sich räuspert und wie er spuckt'. Darüber, wie Herr Hotz das tat, will ich hier berichten.

Mein Weg zu Hotz führte über ein Vordiplom in Physik, das ich nach 3 Semestern in der Tasche hatte. Danach gab es eine Warteliste für ein E-Technik-Praktikum, und je länger (!!) man schon studierte, desto eher durfte man rein. Gleichzeitig erfuhr ich vom Assistenten meiner Mathe-Vorlesung, dass es einen neuen Professor gab, der Informatik lehrte und öffentlich sagte: ‚Schnelle Leute bremse ich nicht'. Unwiderstehlich.

Bei meiner Vordiplomsprüfung diskutierte Hotz mit mir eine halbe Stunde lang über seine aktuelle Forschung und fragte mich hie und da nach meiner Meinung. Hinterher verkündete er, ich habe mit Note ‚sehr gut' bestanden. Ich erwiderte, dass ich doch keine seiner Fragen gescheit beantwortet habe; ja, wenn er mich nach der Vorlesung gefragt hätte.... Dazu Hotz: ‚Dass Sie die kennen, weiß ich doch, warum soll ich meine Zeit verschwenden?'

Als Assistent durfte ich dann selbst Prüfungen protokollieren, und gleich in der ersten Prüfung hatten wir einen Kandidaten, der nicht eine Frage richtig beantworten konnte. Hotz fragte, welche Note ich vorschlagen würde, und ich schlug natürlich eine 5 vor. Dann Hotz: ‚Wir geben ihm eine 4, sonst müssen wir ihn nochmal prüfen'. Und auf meinen Einwand, das spiegele nicht die Prüfungsleistung wider: ‚Ist eine 4, jeder weiß, was das bedeutet'.

Nach der Promotion bat ich Hotz (wegen meines neuen Titels) um eine Gehaltserhöhung. Hotz fragte, wozu ich das Geld brauche. Ich antwortete: ‚Um einen Mercedes zu kaufen'. Dazu Hotz: ‚Stellen Sie sich als Dr. Paul vor, dann denkt jeder, der Mercedes vor der Tür gehört Ihnen'.

---

[9]) Das Foto zeigt links W. Paul, aufgenommen 1979 von G. Hotz

Als Hotz mir irgendwann erzählte, wie er einen seiner zahlreichen Verhandlungserfolge erzielt hatte, rief ich aus: ‚Toll, wenn man solche Beziehungen hat'. Darauf Hotz: ‚Beziehungen hat man nicht, man schafft sie sich'.

Wissenschaftlich verwies Hotz gern auf Vorbilder, selbstredend aus Göttingen, wo er studiert hatte, aber auch unter seinen eigenen Schülern. Insbesondere schätzte er CP Schnorr's (#2) Arbeiten über Zufälligkeit, *weil sie aufeinander aufbauten*. Originalton Hotz: ‚Man muss Türme bauen'. Das war prägend.

In der blutjungen Informatik hingegen war die Kluft zwischen den mathematisch präzisen Vorlesungen von Hotz und dem Inhalt der Betriebssystemvorlesung unseres Gastprofessors Pawlak unübersehbar. Irgendwann fragte ich Pawlak, warum er den Stoff nicht mathematisch präzise darstellen wolle. Worauf Pawlak meinte, das ginge bei Betriebssystemen eben nicht. ‚Wenn es gehen sollte, müsste man aus der gesamten Informatik eine einzige durchgängige Theorie machen, was bei der Mathematik auch nicht über Nacht gelungen war'. Dieser Gedanke schoss mir kurz durch den Kopf. Dann vergaß ich Betriebssysteme, die Sache mit den Türmen nicht.

In der Folge haben meine Leistungen meine Mitmenschen immer wieder in Erstaunen versetzt. Der schon erwähnte CP Schnorr erkannte früh: ‚Es ist erstaunlich, dass der Paul irgendetwas rauskriegt, wo er doch von nichts eine Ahnung hat.'

Und in Cornell erzählte der berühmte Juris Hartmanis bei der Rückkehr von einer Dienstreise in meiner Gegenwart: die haben mich gefragt ‚Wie gut ist der Paul wirklich?' Ich sagte: ‚Oh ungefähr ¼ so gut wie er denkt er ist'. Darauf sei die erstaunte Antwort gewesen: ‚Sooo gut??'. Juris schwört heute übrigens Stein und Bein, er habe ½ gesagt.

Nach Stationen als Mathematikprofessor in Bielefeld, einer Kochlehre und einem Aufenthalt am IBM-Forschungslabor in Kalifornien kehrte ich 1986 als Professor für Rechnerarchitektur nach Saarbrücken zurück. Nicht dass ich das geplant, gewollt oder mich auch nur beworben hätte. *Aber Hotz wollte es*, und dagegen hilft so leicht auch kein freier Wille: er kramte eine Regelung aus, die es der Landesregierung erlaubt, freihändig obskure Titel (insbesondere Prof.) zu vergeben, und so flatterte irgendwann trotz fehlender Bewerbung ein hochoffizieller Ruf auf meinen Schreibtisch. Dann ein Augenblick der Schwäche meinerseits und ich war zurück.

Ich hatte im Sinn von CP Schnorr's visionären Worten inzwischen zwar aus der Komplexitätstheorie geradezu unbestreitbar Ahnung von Simulationssätzen, aber ganz bestimmt nicht von Rechnerarchitektur im konventionellen Sinn. Ganz der Regenwurmforscher, der über Elefanten lehren soll, begann ich: der Elefant hat einen wurmartigen Rüssel. Oder auf Systemarchitektur bezogen: die Korrektheit der Implementierung von einer Systemschicht durch Mechanismen der Schicht darunter ist ein Simulationssatz. Dass das genau richtig war, kann ich eigentlich nur mit einem Sprichwort über Bauern und dicke Kartoffeln erklären, das ich gerade nicht richtig auf die Reihe kriege.

Jedenfalls enthalten meine Lehrbücher von 2016 über Systemarchitektur (500 Seiten) und von 2020 über Rechnerarchitektur (LNCS 9999, 650 Seiten) eine einzige Theorie, die konkrete Betriebssysteme einschließt, und diese Bücher sind die Antwort, die ich auf die Aufforderung, Türme zu bauen, gegeben habe. Wieviel freien Willen ich hatte, etwas anderes aus meinem wissenschaftlichen Leben zu machen, ist eine müßige Frage.

Wie lehrt man? Da muss man jedenfalls im Rahmen der Möglichkeiten der eigenen Persönlichkeit seinen Lehrstuhl führen, und die MitarbeiterInnen haben ein feines Gespür für diese Persönlichkeit. So hieß ich an meinem Lehrstuhl immer ‚der Chef' und Hotz an dem seinigen ‚der Meister'. Verstehen Sie den Unterschied?

Ein Professor ist in vieler Hinsicht wie ein Rock-Musiker. Er hat eine Bühne und kann junge Menschen zu Begeisterungsstürmen hinreißen (Echt! Wirklich! Wissenschaft ist halt toll!), und am besten gelingt das mit Songs, die man selbst geschrieben hat oder Vorlesungen, deren Inhalt man selbst entwickelt oder zumindest selbst zusammengestellt hat (das andere Extrem ist das Vortragen nach Folien Dritter, das in der Musik eher auf Karaoke hinauslaufen würde). Aber das wirft die fundamentale Frage auf: welche Inhalte soll ich in die Vorlesung aufnehmen? Die Antwort von Hotz hat mich bis auf den heutigen Tag in dieser Frage geleitet: ‚Das, was bildet'.

Der große Unterhaltungskünstler Heinz Ehrhardt sagt am Ende eines seiner Filme: ‚Es gibt doch nichts Schöneres im Leben, als seine Mitmenschen zum Lachen zu bringen'. Dem kann ich nur zustimmen, aber es gibt schon gleich schöne Dinge: zum Beispiel Wissenschaft als Abenteuer zu genießen und jungen Menschen beim Start in ein aufregendes und im Extremfall erfülltes Leben zu helfen. Dafür, dass der Meister mir geholfen hat, das zu verstehen, kann ich ihm nicht genug danken. Im Alter von 71 Jahren übe ich immer noch unseren wunderbaren Beruf aus: jetzt an der Kutaisi International University in Georgien.

## #10 Bertsch, Eberhard

**Der erste Kontakt**

Als ich mich Anfang 1972 vor Ende des Studiums in Darmstadt bei Herrn Hotz um eine Stelle bewarb, bot er mir eine im Rechenzentrum in Homburg an. Ich stellte mich dort vor und war einverstanden. Ein paar Wochen später rief er mich zu Hause an und sagte, ich könnte stattdessen auch in Saarbrücken im Compilerbau arbeiten. Das zog ich vor

Herr Hotz hatte zusammen mit Hans Langmaack, einem der Pioniere des Compilerbaus, ein Teilprojekt im Sonderforschungsbereich (SFB) 100 „Elektronische Sprachforschung" begonnen. Das Ziel war die Entwicklung einer Programmiersprache für Aufgaben in der Sprachwissenschaft. In den anderen Projekten waren Philologen und Linguisten, die computergestützte Forschung betrieben. Dazu gehörte auch die automatische Übersetzung vom Russischen ins Deutsche. Diese Verbindung zwischen den Fachbereichen war ein wichtiges Kennzeichen des SFB. Er wurde fast vollständig von der Deutschen Forschungsgemeinschaft finanziert.

Unsere eigene Forschungsarbeit war mit deutlicher Betonung der mathematischen Methoden in den Projektanträgen für den SFB enthalten. Dadurch machten wir theoretische, praktische und angewandte Informatik in demselben Projekt. Meine eigenen Publikationen betrafen Mitte der siebziger Jahre weitgehend Komplexitätsfragen beim Parsing, die teilweise an die Dissertation anknüpften. Rainer Kemp, der ebenfalls in der Compilertheorie arbeitete, war Mitarbeiter des SFB, bis er Assistenzprofessor wurde.

**Die Programmiersprache COMSKEE**

Die Arbeit an der Programmiersprache COMSKEE (COMputing and String-KEEping Language) wurde ab 1972 von den im Projekt beschäftigten Mitarbeitenden gemeinsam durchgeführt. Allerdings verwendeten die anderen Teilprojekte die Sprache COMSKEE erst nach meinem Weggang von Saarbrücken im praktischen Einsatz. Unter der Regie von Jan Messerschmidt kamen schließlich auch Projekte der EU hinzu.

Kurz ein paar inhaltliche Anmerkungen dazu: Wir entschlossen uns, eine schlanke prozedurale Programmiersprache mit ähnlichem Grundkonzept wie dem von Pascal zu entwickeln. Dafür hatten wir die volle Rückendeckung von Herrn Hotz. Die primär mit der Sprache befassten Mitarbeitenden waren zunächst Angelika Mueller-von Brochowski, Axel Pink, Michael Breder, Alfred Neisius und ich. Es gab erheblichen Gegenwind sowohl in Saarbrücken als auch national und international, weil viele Computerlinguisten Very High Level Languages befürworteten. Die Ablehnung unseres Ansatzes bekam ich auch bei Tagungen zu spüren.

Der Erfolg von prozeduralen Sprachen wie Java und C++ in späteren Jahrzehnten ist ein nachträglicher Beweis dafür, dass wir grundsätzlich Recht hatten. Die Experten auf dem Gebiet der Programmiersprachen waren damals weitgehend der Auffassung, die praktische Programmierung würde in der Zukunft mit funktionalen oder prädikativen Sprachen erfolgen.

Weiterhin möchte ich behaupten, dass ich auf dieses Projekt durch frühere Erfahrungen vorbereitet war. Ich hatte 1967 nach dem Abitur im altsprachlichen Zweig des alten kurmainzischen Gymnasiums in Bensheim zunächst an der Grundausbildung für Bibelübersetzer in der Nähe von Siegen teilgenommen und dann an der Uni Köln Vergleichende Sprachwissenschaft studiert. Beim Startschuss der Informatik an den westdeutschen Unis Ende 1968 war die Kenntnis der theoretischen Linguistik ein Vorsprung. Es ist bekannt, dass Noam Chomsky (* 1928) in erster Linie ein Sprachwissenschaftler ist und auf diesem Gebiet seit den fünfziger Jahren bis heute Bedeutendes geleistet hat. Zur theoretischen Informatik leistete er zusammen mit Marcel Schutzenberger aus Frankreich in den sechziger Jahren wesentliche Beiträge. (Chomskys bekanntestes Buch „Syntactic Structures" kannte ich schon vor dem Abitur.)

### Die prä-saarländische Phase

An der TH Darmstadt, die von meinem Elternhaus in Seeheim-Jugenheim ohne Umsteigen mit der Straßenbahn zu erreichen war, studierte ich ab Herbst 1968 zunächst Mathematik. Am Ende meines ersten Fachsemesters dort gab es auf einmal das Wort „Informatik". Die Prüfungsordnungen wurden umgehend erweitert. Im Frühjahr 1972 schloss ich als Dipl.-Ing. für Mathematik mit Schwerpunkt Informatik ab.

### Die post-saarländische Phase

An der FernUniversität Hagen bekam ich 1978 eine Stelle als Wissenschaftlicher Rat und Professor für Formale Sprachen und Programmiersprachen. Das waren die beiden Gebiete, auf denen ich in Saarbrücken vorwiegend gearbeitet hatte.

Außerdem hatte ich einen Lehrauftrag – de facto eine Lehrstuhlvertretung – an der Uni Dortmund für Compilerbau.

Zehn Jahre später wurde ich auf den neu eingerichteten Lehrstuhl für Angewandte Informatik an der Ruhr-Universität Bochum berufen. In den neunziger Jahren bestand ich beharrlich darauf, dass in der Fakultät für Mathematik ein weiterer Lehrstuhl für Informatik eingerichtet werden müsse. Für diesen konnten wir Hans Simon gewinnen. Er ist ebenfalls Schüler von Günter Hotz.

Am 1.10.2021 wurde an der Universität Bochum eine Fakultät für Informatik gegründet, die mehrere Bereiche zusammenfasst, darunter das Institut für Neuroinformatik und das Institut für IT-Sicherheit.

Seit der Pensionierung 2014 arbeite ich wieder viel mit Geisteswissenschaftlern in den Bereichen Linguistik, Philosophie und Theologie zusammen.

## #11 Kopp, Herbert

Geboren am 17.02.1948 in Homburg/Saar. Studium der Mathematik und Physik an der Universität des Saarlandes. 1973 Promotion mit einem Dissertationsthema aus der Theorie der Programmiersprachen. 1971–1975 Wissenschaftlicher Mitarbeiter an der Universität des Saarlandes. 1975–1977 bei der Siemens AG, Zentrale Forschung und Entwicklung, Entwicklung von Multimikroprozessor-Systemen. 1977–2009 Fachhochschule Regensburg, Professor für Informatik und Leiter des Rechenzentrums.

### Defocus Stacking – Bokeh auch ohne f/1.2 – Problem und Lösungsansatz

Ein wichtiges Gestaltungselement der Fotografie ist die Freistellung des scharf abgebildeten Motivs vor einem unscharfen Hintergrund. Die ästhetisch ansprechende Darstellung der Unschärfebereiche – das Bokeh – erfordert lichtstarke Objektive mit einer aufwendigen und daher teuren Optik. Softwarelösungen, welche die Hintergrundunschärfe nachträglich in ein Foto einrechnen, gibt es seit langem. Die Resultate können sich jedoch nicht messen mit dem Bokeh, das eine lichtstarke Optik erzeugt. Bisher gab es kaum Versuche, dieses Dilemma zu überwinden.

Dieses neue Verfahren benutzt einen Bildstapel mit einer scharfen Aufnahme des Motivs und weiteren Aufnahmen mit zunehmender Defokussierung des Hintergrunds. Für die Freistellung des Motivs genügt eine relativ grobe, automatisch erzeugte Maske und eine manuelle Nachbearbeitung wird überflüssig.

### Die Aufnahmetechnik

Für das erste Bild des Stapels stellen wir zunächst auf das Motiv scharf. Für die weiteren Aufnahmen verlegen wir die Schärfeebene immer näher zum Kamerastandpunkt. Die Reihenfolge ist also umgekehrt wie beim Focus Stacking.

### Der Defocus Stacking Algorithmus

Das unten folgende Diagramm zeigt schematisch den Ablauf des Defocus Stacking-Verfahrens anhand eines Bilderstapels mit vier Ebenen:

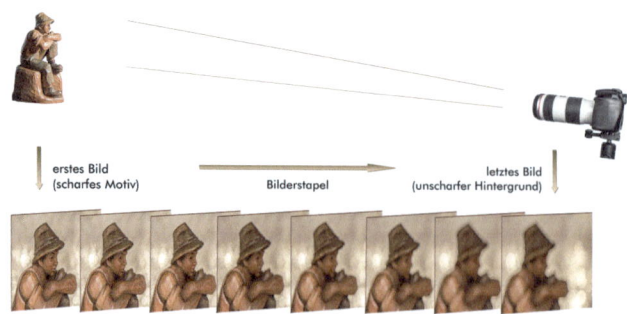

Abbildung 1: Aufnahmetechnik für den Defocus-Stack

*Ebene 0* enthält die scharfe Aufnahme des Motivs und *Ebene 3* die Aufnahme mit der maximalen Hintergrundunschärfe.

- *Schritt 1*: Für die Aufnahme auf Ebene 0 wird eine Maske automatisch erzeugt, die das Motiv freistellt. Als brauchbare Methode hat sich ‚GrabCut' erwiesen.
- *Schritt 2*: Die Maske aus Schritt 1 wird erweitert, geglättet und zur Überblendung von *Ebene 0* und *Ebene 1* benutzt.
- *Schritt 3*: Das Ergebnis der Überblendung aus Schritt 2 ist im Diagramm durch [TEMP] dargestellt. Es wird als neues „Vordergrundbild" benutzt und mit *Ebene 2* überblendet. Die Maske aus dem vorangehenden Schritt wird dazu erweitert und geglättet und das Ergebnis [TEMP] wird an Schritt 4 übergeben.
- *Schritt 4 und folgende*: Der Prozess wird analog zu Schritt 3 bis zur untersten Ebene des Stapels fortgesetzt. Im Diagramm ist das die *Ebene 3*.
- *Finale*: In einem letzten Schritt werden die Ebene 0 und das Ergebnis [TEMP] des vorausgehenden Schritts mit der Originalmaske überblendet. Dadurch wird die scharfe Abbildung des Motivs nahtlos in den unscharfen Hintergrund integriert.

Das beschriebene Vorgehen liefert gute Ergebnisse, wenn die automatische Segmentierung das Motiv ausreichend genau freistellt. Da die Maske bei jedem Schritt erweitert und geglättet wird, erhalten wir einen allmählichen Übergang vom scharf abgebildeten Motiv bis zum maximal unscharfen Hintergrund auf der untersten Ebene des Stapels. Ungenauigkeiten der Maskierung wirken sich dabei nicht negativ aus, weil sich die aufeinanderfolgenden Ebenen des Stapels nur wenig unterscheiden.

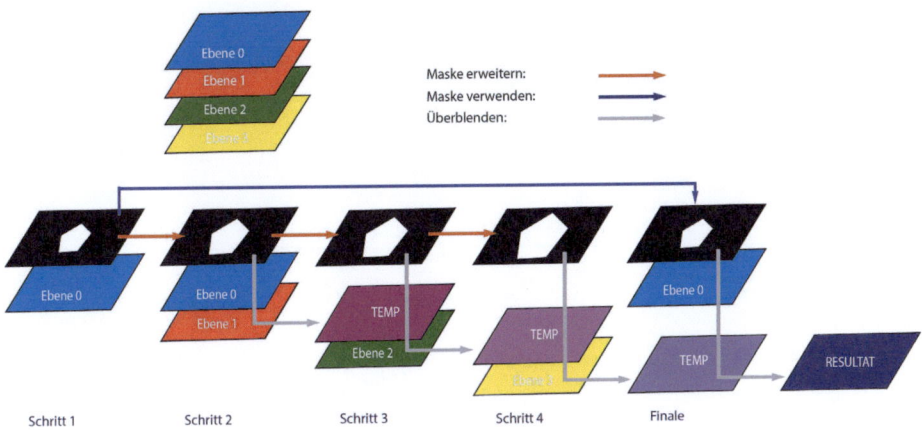

Abbildung 2: Schematischer Ablauf des Defocus-Stacking-Verfahrens

Abbildung 3: Defocus-Stacking für ein Motiv mit komplexer Begrenzung

## Defocus Stacking vs. Objektiv-Lichtstärke

Zerstreuungskreise sind die wesentliche Ursache für die Unschärfe bei der optischen Abbildung von Punkten, die außerhalb der Schärfeebene liegen. Die Verschiebung der Schärfeebene beim Defocus Stacking hat den gleichen Effekt auf die Hintergrund-Unschärfe wie eine Öffnung der Blende. Mit den Methoden der geometrischen Optik ist das auch quantitativ begründbar:

Wenn der Abstand der Schärfeebene $g$ zur Objektebene $g_h$ verdoppelt wird, wirkt sich das auf die Hintergrundunschärfe aus wie eine Verdopplung der Blendenöffnung am Objektiv.

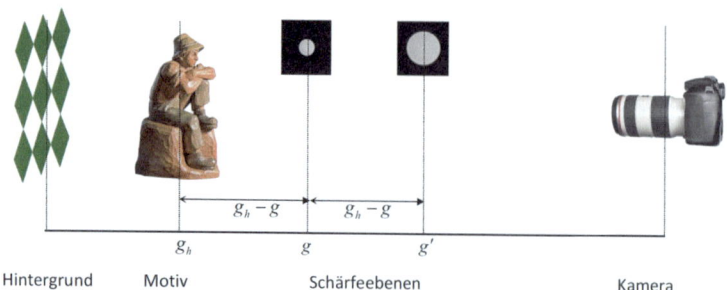

Abbildung 4: Zusammenhang zwischen Verlegung der Schärfeebene und Defocussierung

**Referenzen**

[1] H.Kopp: Defocus Stacking, c't Digitale Fotografie, 6/2021

[2] DefocusStacker-Implementierung
für Windows: https://tinyurl.com/2p99t3ww
als Photoshop-Aktion: https://tinyurl.com/ykn7sz8z

# #12 Stadel, Manfred

Geboren am 18.3.1950 in Landau in der Pfalz studierte ich 1969–1974 an der Universität des Saarlandes Mathematik mit Nebenfach Physik. Während meines Studiums besuchte ich unter anderem auch Vorlesungen über angewandte Mathematik bei Günter Hotz.

Nach Abschluss meines Studiums stand ich als junger Diplom Mathematiker vor der Frage, sofort in die Industrie zu gehen oder erst noch zu promovieren. Ich bat Günter Hotz, von dem ich wusste, dass er auch schon mal in der Industrie tätig gewesen war, um Rat. Er empfahl mir, zuerst noch zu promivieren, und bot mir gleich eine Assistentenstelle an seinem Lehrstuhl an. Ich nahm das Angebot gerne an, und es war für meine weitere Karriere genau die richtige Entscheidung.

Im Rahmen meines Promotionsstudiums widmete ich mich der theoretischen Informatik und promovierte 1976 bei Günter Hotz mit einem Dissertationsthema aus der Komplexitätstheorie.

Günter Hotz verstand es sehr gut, an seinem Lehrstuhl und im Team seiner Assistenten ein zu Innovation und Forschung motivierendes Klima zu schaffen und seine Mitarbeiter zu fördern. Unter anderem bot er mir nach meiner Promotion die Möglichkeit, Vorlesungen an der Universität des Saarlandes zu halten und somit erste Lehrerfahrung zu sammeln.

1978 bewarb ich mich auf ein für mich interessantes Stellenangebot im Zentralbereich Forschung und Entwicklung der Siemens AG in München. Dort konnte ich mein Interesse für Forschung und Innovation gut ausleben. Später habe ich als Projektleiter, Teamleiter und Fachabteilungsleiter nach dem Vorbild von Günter Hotz auch in meinen Teams ein Klima für Innovation geschaffen. Dies hat schließlich auch Früchte getragen: es sind einige für meinen Arbeitgeber wertvolle Patente entstanden.

Von meinen Lehrerfahrungen wissend hat mich mein Arbeitgeber, der Zentralbereich für Forschung und Entwicklung der Siemens AG, für nebenberufliche Lehraufträge an den Universitäten Marburg, Stuttgart und Innsbruck empfohlen und mich für diese Nebentätigkeiten jeweils tageweise freigestellt. Außerdem habe ich zur Weiterbildung von Mitarbeitern des Hauses Siemens mehr als dreißig einwöchige Seminare über Software-Engineering gehalten.

Nach Erreichen des regulären Renteneintrittsalters 2015 hat die private Hochschule für Ökonomie und Management (FOM mit Hauptsitz in Essen) mein Xing-Profil entdeckt und mir Lehrangebote in den Studiengängen Wirtschaftsinformatik und Informatik für den Standort München unterbreitet, die ich gerne angenommen habe. Schließlich wollte ich ohnehin auch weiter noch auf irgendeine Art im Bereich der Informatik aktiv bleiben. Inzwischen hat sich meine Tätigkeit bei der FOM auch auf die Betreuung von Abschlussarbeiten ausgedehnt.

Damit konnte ich dank der initialen Förderung durch Günter Hotz sowohl mein Interesse für Innovation und Forschung als auch für Lehre gut verwirklichen, auch über das reguläre Renteneintrittsalter hinaus.

# #13 Schmitt, Ulrich

[10]1976 Promotion mit dem Thema *SAMSAD ein System zur Ablaufsteuerung, Meßdatenerfassung und Strukturanalyse der Daten*. Weitere Informationen zu Ulrich Schmitt liegen leider nicht vor, auch kein Foto.

---

[10]) Daten wurden im Internet recherchiert

# #14 Weidner, Wolfgang

Geboren am 25.01.1947 in Bückeburg, 1965 Abitur Europaschule Luxemburg, 1965-1974 Studium Mathematik und Physik, später Informatik an der Universität des Saarlandes in Saarbrücken, 1977 Promotion bei Günter Hotz mit einem mathematischen Thema über X-Kategorien, 1978-1988 Systemprogrammierer, später Projektleiter bei Philips Kommunikations Industrie (PKI) in Siegen, 1988-1991 Consensus Management bei RACE Industrial Consortium in Brüssel, 1991-1993 Leiter Produktmanagement Video-kommunikationssysteme bei PKI in Nürnberg, 1993-1995 Entwicklung und Installierung von IPM (Integral Product Life Cycle Management) zur Umstrukturierung der PKI in Nürnberg, 1996-1999 Leiter Qualitätsmanagement Lucent Technologies in Nürnberg, 1999-2003 Leiter Quality Office der Optical Unit von Lucent Technologies weltweit, 2003-2019 Seminar Social Competence am Management Institut der TU Nürnberg im Rahmen eines internationalen MBA-Aufbaustudiums, 2005-2020 Praxis für Mediation und Coaching, seit 2015 Mitarbeit bei FLEck e.V. (Flüchtlingsinitiative Eckental, Lernangebote für Mathematik und Informatik)

*Eine nicht-repräsentative, aber exemplarische Antwort auf die brennende Frage:*

## Lohnt sich eine Promotion für eine nicht-akademische Laufbahn?

Gemessen wird mit der allseits bekannten **P**romotions-**A**mpel:

**PA (Anzahl grün: Promotion hilft / Anzahl rot: Promotion hilft nicht):**

Ende 1977 findet mein Promotionskolloquium statt. Was macht dann ein Student, wenn er nicht die akademische Laufbahn einschlagen will? Richtig! Er geht auf Deutschlandtournee.

Vom tiefen Süden, München, bis zum hohen Norden, Hamburg, besuche ich Großfirmen, kleine Techfirmen, Softwarehäuser und mittelständische Unternehmen.

Den Zuschlag erhält eine Großfirma, *Philips Kommunikations Industrie*, in der Mitte Deutschlands, wegen eines Vorentwicklungsprojektes: ein kleines Team mit der Aufgabe, ein relationales Datenbanksystem für einen Kleinrechner zu entwickeln. Das ist spannend, da gibt es viele ungeklärte Fragen!

Beim Vorstellungsgespräch bittet mich der Entwicklungsleiter um eine kurze Zusammenfassung meiner Dissertation *Der topologische und algebraische Abschluss freier X-Kategorien*. Als ich geendet habe, schaut er mich verwundert an, und ich vernehme die gefürchtete Killerfrage: „Und wozu braucht man das?"

Klarer Fall:

Die Arbeit am Projekt schreitet fort, wir finden viele wertvolle Antworten im Team, da verlässt unser Gruppenleiter die Firma. Der Entwicklungsleiter fragt mich, ob ich die Leitung übernehmen wolle. Na klar, keine Frage!

Leichter gesagt als getan! Die ehemaligen Kollegen sind nicht mehr Kumpels, sondern Mitarbeiter. Darüber gab's kein Seminar an der Uni. Da hilft kein theoretisches Bücherstudium, da hilft nur Durchwühlen durch die ungewohnte Situation:

PCs erscheinen am Horizont, ich nehme an einer Brainstorm-Gruppe teil mit dem Thema *Future Systems*: welche Eigenschaften sollen die zukünftigen Systeme hard- und softwaremäßig besitzen? Diese Sitzungen bringen mich anfangs an den Rand der Verzweiflung! Die meisten anderen Teilnehmer verheddern sich in – aus meiner Sicht – nebensächlichen Details und verlieren den großen Überblick. Erst langsam wird mir klar, dass sie nicht dieselbe Chance hatten wie ich, sich durch unbekanntes Terrain mittels analytisch geschulten Denkens durchzukämpfen, also:

Wir werden einen PC entwickeln. Die Frage ist nur, mit welchem Betriebssystem? Unser Team ist geprägt von UNIX, dem von AT&T entwickelten Betriebssystem für Großrechner. Kann man das auf einen PC übertragen? Und sollte man selber ein Betriebssystem entwickeln oder auf Industriestandards setzen? Unser Entwicklungsleiter fährt in die USA, um sich dort die unterschiedlichen Entwicklungen anzuschauen. Ich weiß nicht mehr, was er alles über die verschiedenen Systeme berichtet hat, nur eines ist mir noch in Erinnerung. Er erzählte belustigt vom Besuch bei einem Studenten mit abgebrochenem Studium, der ihm ein Steinzeitsystem andrehen wollte. Das hatte er natürlich abgelehnt. Später erfahren wir dessen Namen und den des Systems: Bill Gates und MSDOS. Die Wahl unserer Firma stellt sich als fatal falsch heraus.

Weder plus noch minus in der P-Ampel.

Im Rahmen der Arbeit in der Brainstorm-Gruppe fiel mir ein besonderes Buch in die Hand: *The Media Lab, Inventing the future at MIT*. Ich habe es verschlungen! Das wäre eine Arbeitsumgebung für mich! Aber wo soll es so etwas hier geben? Da gab mir ein Kollege aus der Zentrale den Hinweis, bei der Europäischen Kommission werde ein Forschungsprogramm gestartet mit dem Titel *RACE Research And Development in Advanced Communications Technologies in Europe*. Dafür werden noch Mitglieder für ein kleines Team für das *Consensus Management* gesucht, die dafür sorgen sollen, dass die einzelnen 72 Projekte nicht durch unterschiedliche Annahmen ihrer technischen Umgebung aneinander vorbei forschen. Das klingt doch vielversprechend! Also mit der ganzen Familie auf ins wunderschöne Brüssel!

Nach drei Jahren ist die Arbeit im Wesentlichen erledigt und ich suche nach neuen Aufgaben. Da ergibt sich in unserer Zentrale die Chance, das Produktmanagement für Videokommunikations-Systeme, also Videokonferenzsysteme, Bildtelefone und Standbildkommunikation, zu übernehmen. Das passt nun ausgezeichnet zur vorherigen Arbeit.

Zu der Zeit findet die Deregulierung des Telekommunikationssektors statt. Für eine Firma wie die unsrige, die Haus- und Hoflieferant der Deutschen Bundespost war, eine enorme Herausforderung. Ich habe als Produktmanager mehr als einmal erleben müssen, dass Festlegungen für Produkte nicht ausschließlich durch mich, sondern durch persönliche Kontakte zwischen Mitarbeitern der Bundespost und unseren Entwicklern in die Spezifikationen gelangten.

Literaturrecherche bringt mich auf ein Universum von Büchern wie *Winning at New Products, Accelerating the Process from Idea to Launch*. Ich lerne, dass die großen horizontalen Abteilungen wie Entwicklung, Fertigung, Vertrieb und Service ungeeignet sind, die zukünftige Vielfalt von Produkten effizient zu managen. Dazu bedarf es kleiner schlagkräftiger Einheiten, die für eine kleine Anzahl von Produkten zuständig sind und alle für diese Produkte relevanten Abteilungen unter ihrer Kontrolle haben. Heute nennt man das *Business Units*.

Während meiner Zeit in unserer Pariser Niederlassung kann ich eindrücklich feststellen, wie verheerend unsere bisherige Organisation einen erfolgreichen Produkterzeugungsprozess behinderte, ja blockierte. Ich bombardiere meinen Chef, dessen Chef und den Nürnberger CEO mit meinen Beobachtungen. Es hat endlich Erfolg. Ich werde beauftragt, anhand eines Beispiel-Prozesses einen für unsere Firma passenden Prozess zur Entwicklung von Produkten nebst der zugehörigen Organisation zu entwerfen, entsprechende Seminare für die Führungskräfte zu entwickeln und parallel dazu die Umstrukturierung der Firma zu begleiten. Das liefert einen weiteren Pluspunkt in der P-Ampel, weil der CEO argumentierte, er traue mir die Aufgabe zu, da ich ja bereits gezeigt hätte, mich erfolgreich durch komplexe Zusammenhänge zu kämpfen.

Das werden die härtesten drei Jahre meiner Laufbahn! Wieso wehren sich die Führungskräfte derart gegen meine doch so klaren, logischen und Erfolg versprechenden Strukturen und Prozesse? Die Gründe sind so simpel wie menschlich: die meisten Führungskräfte verlieren einen Teil ihrer bisherigen Macht und bleiben, bis auf die Leiter der einzelnen Business-Unit-Abteilungen, auf die Leitung des Personals beschränkt. Dem standzuhalten bedarf es Fähigkeiten, die nicht durch theoretisches Studium erworben werden können, sondern nur durch das mühsame Waten durch den Schlamm der Praxis, also:

Am Ende dieser drei Jahre, nach schmerzhaften Lernprozessen meinerseits, stehen die Business Units halbwegs, und die Prozesse werden angewendet. Dann kommt der Schock: die Firma hat sich in den neuen Bundesländern übernommen und soll verkauft werden. War denn alles vorher umsonst gewesen? Dann die wunderbare Neuigkeit: der Käufer ist die legendäre Firma AT&T mit ihren sagenhaften Produkten, klaren Strukturen und eingeführten und bewährten Prozessen. Dann nochmal ein weiterer Schock: AT&T wird infolge der Deregulierung aufgespalten in eine Service- und eine Produktfirma (*Lucent Technologies*), zu der wir dann gehören sollen. Auf den Schock dann die Sensation: zur Produktfirma gehören die sagenumwobenen AT&T Bell Laboratories, die Erfinder des Lasers und Transistors, die Entwickler von UNIX und C++, mit 9 Nobelpreisen und fünf Turing Awards für Software! Was für eine wunderbare Zukunft! Wie sich herausstellt, sind die AT&T Produktprozesse genau die, die mir der CEO damals als „Beispiel" gegeben hatte. Er ahnte also schon, was geschehen würde.

Wir sind deshalb genau auf Linie der neuen Firma und können nahezu ohne Anlaufschwierigkeiten durchstarten. Ich übernehme zur Begleitung der Prozesse die Qualitätsabteilung. Der neue CEO nimmt mich nach einiger Zeit in die Verantwortung: ich soll ein *Quality Office* für die Optical Unit von Lucent Technologies mit ihren 11 Niederlassungen in drei Kontinenten aufbauen. Wie das theoretisch geht, hätte ich ja durch meine Arbeit während der Umstrukturierung gezeigt. Jetzt halt praktisch und „Butter bei die Fisch"! Für mich ist das eindeutig ein Pluspunkt, da ich die soziale Lehrlingsphase ja bereits hinter mich gebracht habe.

Deshalb:

Die Arbeit mit den Kollegen der anderen Niederlassungen nimmt nach anfänglichem Stocken langsam Fahrt auf. Die Firma floriert, die Aktie steigt und steigt, mehrere Teilungen erfolgen wegen des immer wieder schnell gestiegenen Aktienkurses.

Die goldene Zeit in der Laufbahn hat begonnen!

Die Prozesse in den Business Units laufen immer besser. Aber meine Quality-Strategie klemmt und hakt. Die unterschiedlichen Sprachen, die unterschiedlichen Kulturen, die unterschiedlichen Zeitzonen, die Verständigung ausschließlich in Englisch, da helfen auch die besten äußeren Umstände nichts! Besonders eine Niederlassung leistet offenen Widerstand. In der Matrix-Organisation bin ich ja nicht Personalvorgesetzter, sondern nur Fachvorgesetzter und kann nicht einfach anordnen, was ich für das Richtige halte.

Während eines Gesprächs mit unserem Justitiar, dem ich meine Sorgen anvertraue, erwähnt er die Technik der Mediation. *Meditation*? Was soll das denn? Nein, *Mediation*, Konfliktlösung ohne Gerichte. Aber für Firmen-interne Angelegenheiten werden doch keine Gerichte bemüht! Ja, ja, schon, aber der wesentliche Punkt ist, dass Mediation durch einen klaren Prozess sowie persönliche Autorität und Integrität des Mediators wirkt.

Hm, was jetzt? Ich finde heraus, dass Mediation bei der Fernuni Hagen mit einigen Präsenzseminaren studiert werden kann. Also beiße ich in den sauren Apfel und belege diesen Studiengang neben meinem durchaus bereits ausfüllenden Job. Ein Jahr Durchbeißen, ein Jahr zeitlich am Limit, dann ist es geschafft. Da konnten mir keine theoretischen Studien helfen, also:

Ich beginne, meine neu trainierten Verhaltensweisen bei meinen etwas widerspenstigeren Kollegen anzuwenden. Da machen sich die Folgen dessen bemerkbar, was als das Platzen der *dot.com-Blase* bekannt wurde: der explosionsartig gewachsene Telekommunikationsmarkt flacht sich ab, den ungesund gewachsenen Telekom-Herstellern brechen die Aufträge weg. Innerhalb von zwei Jahren schrumpft unsere Firma von 155.000 Mitarbeitern auf 37.000. Ich wünsche niemandem, der seine Industrie-Laufbahn noch vor sich hat, eine solche Situation hautnah zu erleben. Von meinen 11 Niederlassungen verbleibt am Schluss noch genau eine. Jetzt hilft auch der ausgeprägteste Optimismus nichts mehr, jetzt muss ich schweren Herzens versuchen, mein einstiges Paradies mit heiler Haut zu verlassen. Mit einem *golden handshake* kann ich aussteigen! Schon zuvor hatte ich einige Seminare an der TU Nürnberg gehalten über Produktentwicklung mit *cross-functional* und multikulturellen Teams. Jetzt werde ich angefragt vom Management Institut der TU Nürnberg für ein internationales MBA-Aufbaustudium (*Master of Business Administration*) mit überwiegend internationalen Studenten aus aller Welt. Ich wähle als Thema das, was ich in den vergangenen Jahren zur Genüge zunächst erlitten, dann jedoch gemeistert hatte: den Umgang mit Konflikten in internationalen Teams. Sechzehn Jahre, bis weit über das Rentenalter hinaus, trainiere ich die Studenten mittels Rollenspielen und Verhaltensübungen, bis Corona Präsenzseminare unmöglich macht. Denn für diese Art Seminare sind Videokonferenzen ungeeignet. Damit endet meine Tätigkeit hier, nur noch privates Einzel-Coaching ist möglich.

Es war aber auch wirklich langsam Zeit aufzuhören!

Bei erneuter Durchsicht einiger Situationen, in denen mir eine Promotion nicht hilfreich erschien, bemerke ich, dass ich etwas Wesentliches dabei übersehen hatte: das Auf und Ab während des Schreibens meiner Dissertation, die Verzweiflung, wenn ich wieder ein Gegenbeispiel für meinen Hauptsatz fand, die Unsicherheit, ob ich durchhalten oder aufgeben sollte, all das schwächte mich nicht, im Gegenteil es stärkte meine Ausdauer, Beharrlichkeit, Zähigkeit, Verbissenheit, Hartnäckigkeit, mein Durchhaltevermögen und diesen „jetzt erst recht"-Willen. Deshalb gibt es nachträglich drei Pluspunkte, denn ohne solche Erfahrungen während der Dissertation hätte ich mich sehr wahrscheinlich nicht als stark genug erwiesen, diese Klippen zu meistern:

In Summe also ein eindeutiges Ergebnis Pro! Eine Einschränkung gibt es natürlich: diese Aussage gilt nur, wenn die Promotionszeit ein solch psychisches Wechselbad der Gefühle ist, wie sie bei mir der Fall war.

Und das bringt mich zum letzten Gedanken: gibt es irgendetwas, wofür ich mich bei meinem Doktorvater Prof. Günter Hotz ganz besonders bedanken möchte? In der Tat, da gibt es etwas Besonderes: Er hatte mir nach dem Kolloquium indirekt, jedoch sehr deutlich und unmissverständlich zu verstehen gegeben, dass eine akademische Laufbahn für mich nicht empfehlenswert sei. Im Laufe vieler Jahre danach wurde mir immer klarer, dass das der beste und wesentlichste Rat für meine berufliche Laufbahn war: ich wäre sonst todunglücklich geworden und voraussichtlich gescheitert. So konnte ich Fähigkeiten und Bereiche meiner Persönlichkeit entwickeln und zum Blühen bringen, die mir mein berufliches Leben so erfüllend gestaltet haben.

Damals war es ein Schock, aber hier gilt der Ausspruch des berühmten Professors Crey aus der Feuerzangenbowle:

„Mädizin muss bätter schmäcken, sonst nötzt sä nächts!

## Ausgewählte eigene Publikationen zum Thema

[1] Wolfgang Weidner. „Hardware- und Software Architektur eines multifunktionalen Büroarbeitsplatzes mit Bildschirmtext", in Proceedings *Jahrestagung der Gesellschaft für Informatik Berlin* 1984. S. 122-131

[2] Wolfgang Weidner. Integral Product Life Cycle Management IPM of BG-TN, Volume 0334, Version 2.0, November 1995 (*firmeninternes Papier*)

[3] Wolfgang Weidner. „Konfliktkosten im Unternehmen – Ihre Chance als Wirtschaftsmediator". In *Kanzleiführung professionell* 8/2005

[4] Wolfgang Weidner. „Business Excellence – Erfolgreiches Unternehmensmanagement". In *Betriebswirtschaftliche Mandantenbetreuung* 5/2006

[5] Wolfgang Weidner. „Sokratischer Dialog in der Mediation?". In *Fachzeitschrift des Bundesverbandes Mediation – Spektrum der Mediation* 32/2008

## #15 Gräber, Wolfgang

[11]Studium der Mathematik an der Universität des Saarlandes. Diplom 1969 bei Günter Hotz. Titel der Diplomarbeit: *Push-down-Automaten und kontextfreie Sprachen*. Danach Mitarbeiter im Rechenzentrum der Universität des Saarlandes. 1977 Promotion bei Günter Hotz. Titel der Dissertation: Untersuchung zur Optimierung des Dialogbetriebes des Rechnersystems TR440 / TR86S. Bis 2008 Geschäftsführer bei INTEX-EDV Software GmbH. Zuletzt Inhaber der Firma *Dr. Wolfgang Gräber, Softwareentwicklung* in Saarbrücken. Weitere Informationen zu Wolfgang Gräber liegen leider nicht vor, auch kein Foto.

---

[11]) Daten wurden im Internet recherchiert.

# #16  Huynh, Dung T.

Born on September 27, 1953 in Ca Mau, Vietnam. 1972-1975: Studied Datentechnik at the University of Darmstadt. 1975-1978: Studied Computer Science at the University of Saarland and received the M.S. and Ph.D. degrees in 1977 and 1978, respectively. My dissertation in the area of complexity theory was under the guidance of Professor Günter Hotz. 1977-1982: Research Associate at Professor Günter Hotz's Lehrstuhl. 1982-1983: Visiting Assistant Professor, University of Chicago. 1983-1986: Assistant Professor of Computer Science, Iowa State University. 1986-1991: Associate Professor of Computer Science, University of Texas (UT) at Dallas. Since 1991: Professor of Computer Science, UT Dallas. 1997-2009: Department Head of Computer Science, UT Dallas. 2009-2020: Associate Dean, Erik Jonsson School of Engineering and Computer Science, UT Dallas. 2020-2021: Interim Department Head of Computer Science, UT Dallas.

My research interests are in the following areas: computational complexity theory, automata and formal languages, and communications networks. Current projects include algorithmic issues in wireless ad hoc and sensor networks.

It was a privilege for me to work from 1977-1982 at Professor Günter Hotz's Lehrstuhl as a "Wissenschaftlicher Mitarbeiter". I still remember many inspiring discussions on various topics in computer science and mathematics where he explained to me some of the most profound scientific ideas/results that have had a long-lasting influence on my professional career. I truly had complete freedom to research any topic I wished. Of courses, he suggested many interesting problems as well. I'm deeply appreciative of the opportunity he gave me during those years. On the occasion of his 90th birthday, I want to express my deepest gratitude for all the help he provided during my five years working at his Lehrstuhl.

In honor of Professor Günter Hotz's birthday below is a brief report concerning the research that some of my Ph.D. students and I have performed in the last few years.

**Introduction**

Wireless Sensor Networks (WSNs) have found applications in various areas including health (to monitor disable patients), home, and industry. As these sensor devices transmit signal wirelessly, they may cause interference. Moreover, as energy resource is bounded, the transmission distance and lifetime of sensor devices are limited. These constraints yield several interesting optimization problems in WSNs that have attracted attention from many researchers.

In contrast to low-gain omni-directional antennas, high-gain directional antennas can focus its power in certain direction. The use of directional antennas enables energy conservation and interference reduction, which prolongs the lifetime and increases the efficiency of the network. However, maintaining connectivity for directional WSNs (DWSNs) is a complex issue. We focus on solving the topology control problem for DWSNs and aim to establish symmetric connectivity where each sensor node is equipped with one or several directional antennas.

A WSN consists of a set $S$ of sensor nodes deployed in the plane where each node is equipped with one (or several) directional antenna(s) with beamwidth $\theta \in [0, 2\pi]$. A symmetric (bidirectional) edge $(u,v)$ exists if $v$ resides in the broadcasting region of $u$ and vice versa. The nodes are initially assigned a unit transmission range that yields a connected unit-disk graph.

Given a set $S$ of nodes, the objective of the *Antenna Orientation (AO)* problem for symmetric connectivity is to find an orientation of each antenna and a minimum transmission range $r = O(1))$ for every node $u \in S$ such that the induced communication graph is a symmetric connected graph. Another related problem is the *Antenna Orientation and Power Assignment (AOPA)* problem where we try to obtain symmetric connectivity in DWSNs while minimizing the total power assigned to the sensors.

## Symmetric Connectivity in DWSNs equipped with $2\pi/3$ Directional Antennas

Concerning antennas with beamwidth $\theta = 2\pi/3$, we proposed in [12] a bottom-up and a top-down approximation algorithm that orients the antennas to yield symmetric connected communication graphs where the transmission range is bounded by 6 and 5, respectively.

**Theorem 1.** *Let $S$ be a set of nodes in the plane and UDG(S) be a unit-disk graph spanning $S$. Further let each node be equipped with one directional antenna with beamwidth $\theta = 2\pi/3$. Then there is a bottom-up and a top-down algorithm that computes an orientation of the antennas yielding a symmetric connected communication graph where the assigned range is $r = 6$ and $r = 5$, respectively.*

Both the top-down as well as the bottom-up algorithms run in time $O(n \log n)$. Simulations show that they perform well and yield symmetric connected networks with small average ranges and stretch factors.

## Antenna Orientation and Range Assignment in DWSNs Equipped with $\pi/2$ Antennas

Let $S$ be a set of nodes in the plane such that the unit-disk graph UDG($S$) spanning $S$ is connected. Let each node be equipped with one directional antenna having beamwidth $\theta = \pi/2$. In addition to the AO problem we also consider another related problem which is the *Antenna Orientation and Power Assignment (AOPA)* problem whose objective is to assign each node $u \in S$ an orientation of its antenna as well as a range $r(u)$ such that the induced symmetric communication graph is connected and the total power assigned $\sum_{u \in S} r(u)^\beta$ is minimized, where $\beta \geq 1$ is the distance-power gradient (typically $2 \leq \beta \leq 5$). Ashner et al. [3] presented an algorithm where the assigned range is $14\sqrt{2}$ and the stretch factor is 8. However, the NP-hardness was left open. Through a reduction [11] from the *Hamilton Cycle* problem for hexagonal grid graphs, we were able to prove the following

**Theorem 2.** *The AO problem for WSNs equipped with directional antennas having beamwidth $\theta = \pi/2$ is NP-hard.*

The following results can be found in [11].

**Theorem 3.** *Given a set $S$ of nodes of which each is equipped with an antenna having beamwidth $\theta = \pi/2$, and a UDG($S$) spanning $S$, there is a top-down and a bottom-up algorithm that orients the antennas to yield a symmetric connected graph where the transmission power range is bounded by 9 and 7, respectively.*

**Theorem 4.** *Given a set $S$ of nodes of which each is equipped with an antenna having beamwidth $\theta = \pi/2$, and a UDG($S$) spanning $S$, there is a bottom-up and a top-down algorithm that orients the antennas of and assigns ranges to the nodes in $S$ to yield a symmetric connected graph and the total power satisfies $P_T \leq (20 \times 9^\beta + 9 \times 5^\beta) \times$ Cost(OPT) and $P_T \leq 4 \times 7^\beta + 14 \times \max(7^\beta, 4^\beta + 5^\beta + 6^\beta) \times$ Cost(OPT), respectively, where OPT is an optimal solution.*

We note that the latter bound is an improvement on Aschner et al.'s result in [3]. Our algorithms run on $O(n \log n)$ time and simulations show that they perform well and yield networks with small average uniform ranges and stretch factors.

## Symmetric Connectivity in DWSNs with $\pi/3$ Directional Antennas

Again, through a reduction from the Hamilton Cycle problem for hexagonal grid graphs, we were able to prove in [14] the following

**Theorem 5.** *The AO problem for DWSNs in which each node is equipped with one directional antenna having beamwidth $\theta = \pi/3$ is NP-hard.*

The reduction in the proof of Theorem 5 can be extended [14] to prove

**Theorem 6.** *The AOPA problem for DWSNs in which each node is equipped with one directional antenna having beamwidth $\theta = \pi/3$ is NP-hard.*

In [1], Ackerman et al. introduced the Ice-cream method to obtain orientations as well as range assignments where they used three sensors to cover all other sensors in the network. Hence, the range assigned to those sensors can be as large as the network diameter which makes this method unrealistic for large scale applications. In [14], we introduced a heuristic and showed through simulations that our algorithm yields a much better performance, in terms of average as well as maximum ranges, than the Ice-cream method for large networks.

**Symmetric Connectivity in DWSNs with Multiple Directional Antennas**

When DWSNs are equipped with more that one directional antennas having beamwidth $\theta \geq 0$, very few research results can be found in the literature. As there always exists a minimum spanning tree of degree 5 for a given unit-disk graph, only the cases where $k \leq 4$ are of interest. For $k = 2$ and $\theta > 0$ ($\theta = \pi/3, \pi/4$), we proposed in [13] an AO algorithm that computes for a given set of nodes an orientation of the antennas yielding a symmetric connected graph where the required range is 4 and 5 for $\theta = \pi/3$ and $\theta = \pi/4$, respectively.

For the case $\theta \geq 0$, the AO problem for DWSNs is closely related to the Euclidean Degree-Bounded Bottleneck Spanning Tree problem. For $k = 3$ it was shown by Anderson and Ras that the AO problem is NP-hard. For $k = 4$ the NP-hardness remains open. One of the first papers in this area is [15] where we showed that the required range for the AO problem is 2 and $\sqrt{3}$ for $k = 3$ and $k = 4$, respectively. Biniaz obtained later better bounds of $\sqrt{3}$ and $\sqrt{2}$ in [5]. While Biniaz's algorithms are bottom-up, Tan et al.'s algorithms [16] are top-down and provide better upper bounds for the AOPA problem than the ones in [15]. Moreover, these algorithms perform very well in simulations. As far as NP-hardness of the AOPA problem is concerned, note that for $k = 2$ the NP-hardness can be derived from the Hamilton Cycle problem for grid graphs. [15] contains the proofs for the NP-hardness of the AOPA problem for the case $k = 3$ and $k = 4$.

**References**

[1] Ackerman, E., T. Gelander and R. Pinchasi (2013). Ice-Cream and Wedge Graphs. *Comput. Geom.* 46(3), 213-218.

[2] Ashner, R., M.J. Katz (2014). Bounded-Angle Spanning Tree: Modelling Networks with Angular Constraints, *ICALP*, pp. 387-398.

[3] Ashner, R., M.J. Katz and G. Morgenstern (2013). Symmetric Connectivity with Directional Antennas. *Comput. Geom.* 46(9), 1017-1026.

[4] Carmi, P., M.J. Katz, Z. Lotker, and A. Rosen (2011). Connectivity Guarantees for Wireless Networks with Directional Antennas. *Comput. Geom.* 44(9), 477-485.

[5] Biniaz, A. (2020). Euclidean Bottleneck Bounded-Degree Spanning Tree Ratios. *Proc. of the ACM-SIAM Symposium on Discrete Algorithms*, 826-1026.

[6] Dobrev, S., M.E. Hesari, F. MacQuarie, J. Manuch, O.M. Ponce, L. Narayanan, J. Opatrny, and L. Stacho (2016). Connectivity with Directional Antennas in the Symmetric Communication Model. *Comput. Geom.* 55, 1-25.

[7] Dobrev, S., E. Kranakis, D. Krizanc, J. Opatrny, O. Ponce and L. Stacho (2010). Strong Connectivity in Sensor Networks with Given Number of Directional Antennas of Bounded Angle. *Combinatorial Optimization and Applications*, 72-86.

[8] Lam, X.N., M.K. An, D.T. Huynh, and T.N. Nguyen (2013). Scheduling Problems in Interference-Aware Wireless Sensor Networks. *Proc. of the 2013 Intern. Conf. On Computing, Networking and Communications (ICNC)*, 783-789.

[9] Lam, X.N., T.N. Nguyen, M.K. An, and D.T. Huynh (2013). Dual Power Assignment Optimization and Fault Tolerance in WSNs. *J. of Combinatorial Optimization*. 1-19.

[10] Tran, T, M.K. An and D.T. Huynh (2015). Symmetric Connectivity in Wireless Sensor Networks with Directional Antennas. *Intern. Conf. on Communications (ICC)*, 6400-7405.

[11] Tran, T., M.K. An, and D.T. Huynh (2016). Antenna Orientation and Range Assignment in WSNs with Directional Antennas, *Proc. IEEE Intern. Conf. on Computer Communication (INFOCOM)*.

[12] Tran, T., M.K. An, and D.T. Huynh (2017). Establishing Symmetric Connectivity in Directional WSNs Equipped with $2\pi/3$ Antennas. *J. of Comb. Optimization*.

[13] Tran, T., M.K. An, and D.T. Huynh (2017). Symmetric Connectivity in WSNs Equipped with Multiple Directional Antennas. *Proc. of Intern. Conf. Computing, Networking and Communication (ICNC)*.

[14] Tran, T and D.T. Huynh (2022). Symmetric Connectivity in WSNs with $\pi/3$ Directional Antennas. *Intern. J. of Foundations of Computer Science*.

[15] Tran, T. and D.T. Huynh (2019). The Complexity of Symmetric Connectivity in Directional WSNs. *J. of Comb. Optimization* 39, 662-686.

[16] Lam, T. and D.T. Huynh (2022). Improved Algorithms in Directional Wireless Sensor Networks, to appear *in Proc. IEEE Wireless Networking Conf.*, *Austin, TX*.

# #17 Ross, Rockford J. („Rocky")

[12]Geboren Jan. 1948 in den USA. Studium auch dort. Ab 1976 in Saarbrücken. 1978 Promotion bei Günter Hotz mit einem Thema aus dem Gebiet der formalen Sprachen. Danach Rückkehr in die USA (WSU Pullman, Washington State). 1983 Berufung zum Associate Professor durch die MSU Bozeman, Montana USA). 1993 Full Professor daselbst. 2015 Emeritierung. Lebt in Bozeman, Montana.

Aus *"Request for Authorization to confer the title of Professor Emeritus of Computer Science upon Rockford Ross"* (Jan. 2017):

> In summary, Rocky's formal career at MSU began with the incarnation of the Computer Science Department and ended with its metamorphosis into the Gianforte School of Computing, the beginning of a transition representing Rocky's ultimate, long-held vision for computing on campus. According to Rocky's vision, the School can provide a collaborative, rich, fertile, interdisciplinary environment for enhanced growth in research, instruction, and new degree offerings across the entire enterprise that reflect current State and National needs. So, though retired, Rocky is excited and gratified about this new direction and has offered to help nurture its implementation.

---

[12]) Daten wurden im Internet recherchiert. Das Foto stammt von 1977.

## #18 Breder, Michael

Geboren am 27.02.1953 in Saarlouis. Nach dem Abitur am dortigen Humanistischen Gymnasium mit 6 Wochenstunden Griechisch und 5 Wochenstunden Latein, aber nur 3 Wochenstunden Mathematik, habe ich aufgrund meines naturwissenschaftlichen Interesses von der Berufsberatung wegen der „großen Nachfrage der saarländischen Hütten" die Empfehlung erhalten, Hütteningenieurwesen zu studieren. Glücklicherweise habe ich mich dann aber für das Informatikstudium entschieden, und mich 1972 für Informatik mit Nebenfach BWL an der Universität des Saarlandes eingeschrieben. Aufgrund der schulischen Schwerpunkte war das erste Semester eine echte Herausforderung (insbesondere die Vorlesungen Informatik I und Analysis I). Aber es hat sich gelohnt! Das Diplom habe ich dann im Jahr 1976 gemacht. Da mich das Nebenfach BWL ebenfalls sehr interessiert hat, habe ich im Jahr 1977 dieses Studium auch mit dem Diplom abgeschlossen.

Ab 1973 war ich als wissenschaftlicher Mitarbeiter zuerst in der Informatikbibliothek, dann am Lehrstuhl Hotz im Sonderforschungsbereich 100 (Entwicklung der Programmiersprache COMSKEE) beschäftigt. In diesem Umfeld sind nachfolgend meine Diplomarbeit (1976) aus dem Bereich COMSKEE als auch meine Dissertation (1979) über einen Sortieralgorithmus auf den neuentwickelten Magnetblasenspeichern entstanden.

Wenn ich heute auf diese Zeit zurückblicke, war das ein Umfeld, das man im späteren Berufsleben kaum mehr so erleben konnte. Prof. Hotz hat uns sehr viele Freiheiten gegeben, um unsere Arbeit voranzubringen, stand uns aber auch immer mit Rat und Tat zur Seite, wenn wir dies benötigten. Dieser „Spirit" hat uns auch als Team am Lehrstuhl zusammengeschweißt, so dass man immer kurzfristig mit den Kollegen diskutieren konnte, wenn man irgendwo „steckengeblieben" war oder etwas Neues ausprobieren wollte.

Aufgrund meiner Studienkombination habe ich mich dann für eine Laufbahn in der kommerziellen Informatik entschieden und so wechselte ich 1980 zu VW nach Wolfsburg, wo ich zuerst als Systemanalytiker und dann als Assistent der Leiters Finanz- und Rechnungswesen arbeitete. Da es mich aber wieder in die Informatik zurückzog, übernahm ich 1984 die Leitung der Informatik bei Saar Ferngas, einem regionalen Gasversorgungsunternehmen in Saarbrücken. 1989 wurde ich dann IT-Leiter bei der deutschen Tochter des Schweizer Pharmakonzerns Hoffmann-La Roche in Grenzach, ab 1997 mit zusätzlicher Verantwortung in EMEA. Im

Jahr 1999 wechselte ich dann nach München zur Allianz, wo ich als „Head of Corporate IT" tätig war. 2003 zog es mich jedoch wieder zu Hoffmann-La Roche zurück und ich wechselte in die Diagnostik-Sparte nach Mannheim. Dort arbeitete ich bis zu meinem Austritt (Altersteilzeit) Ende 2012 in verschiedenen Leitungsfunktionen der Software-Entwicklung (u.a. Business Solutions & Web Services, Cross Applications & In-house Development) sowohl in Deutschland als auch in internationalen Teams.

In meiner beruflichen Zeit habe ich sehr viele Vorstellungsgespräche geführt und viele Mitarbeiter eingestellt; dabei war es immer interessant, mit Bewerbern aus dem Informatikbereich sowohl über ihre universitären Arbeiten und Studienschwerpunkte zu sprechen, aber auch mal in die Tiefe zu gehen, um die Diplomnoten einzuordnen zu können. Im Rahmen meiner Führungsaufgabe habe ich immer versucht, mich an die positiven Erfahrungen aus der Zeit als wissenschaftlicher Mitarbeiter am Lehrstuhl Hotz zu erinnern und meinen Mitarbeitern dieselben Freiheiten einzuräumen.

Da mich neben den praktischen Arbeiten in den Unternehmen auch weiterhin die theoretische Informatik interessiert hat, war ich auch sporadisch in der Lehre tätig: 2002 und 2003 an der Dualen Hochschule Lörrach, sowie 2016 an der HTW Saarbrücken als Vertretung für Prof. Kretschmer (#29) jeweils mit der Vorlesung „Theoretische Informatik (Automatentheorie und formale Sprachen)". Wegen des zeitlichen Abstands zu meinem Studium musste ich mich zwar wieder in das Thema einarbeiten, doch es hat dann viel Spaß gemacht, die Studenten an das Thema heranzuführen und dafür zu begeistern.

Als ich nach dem Ausscheiden aus dem aktiven Berufsleben wieder ins Saarland zurückgekehrt bin, erhielt ich die Möglichkeit, zusammen mit Prof. Hotz und Prof. Kretschmer als wissenschaftlicher Beirat bei der Firma DIaLOGIKa zu arbeiten. Hier habe ich bei vielen verschiedenen Audits Prof. Hotz erlebt, wie er die unterschiedlichsten Themen hellwach begleitet hat und immer wieder neue und interessante Aspekte in die Diskussion eingebracht hat.

Im Jahr 2014 war ich auch als Juror bei der Saarland-Ausscheidung von „Jugend forscht" für das Themengebiet „Informatik/Mathematik" im Einsatz.

Zusammenfassend kann ich sagen, dass mich die Zeit am Lehrstuhl Hotz sehr geprägt hat und ich Prof. Hotz bei meiner beruflichen Karriere sehr viel zu verdanken habe.

## #19 Estenfeld, Klaus

Geboren am 10. November 1953 in Saarlouis. Nach dem Abitur am dortigen Humanistischen Gymnasium studierte ich von Oktober 1972 bis April 1976 Informatik mit Nebenfach Mathematik an der Universität des Saarlandes. Ab meinem ersten Semester habe ich alle Grundvorlesungen in Informatik und später auch die meisten Aufbauvorlesungen (u.a. Formale Sprachen und Berechenbarkeitstheorie) bei Günter Hotz gehört, so dass ich konsequenterweise auch mein Studium (Diplomarbeit und Diplomprüfung in Theoretischer Informatik) bei ihm abgeschlossen habe.

Nach dem Diplom bekam ich eine Stelle als wissenschaftlicher Mitarbeiter an seinem Lehrstuhl angeboten und blieb dort bis September 1981. Neben den „normalen Aufgaben" wie Betreuung von Vorlesungen, Diplomarbeiten und Promotionen konnte ich im Januar 1980 meine Promotion ablegen. Ich durfte u.a. als Ko-Autor das Buch „Formale Sprachen – Eine Automatentheoretische Einführung" zusammen mit Günter Hotz verfassen und die Vorlesung „Systematisches Programmieren" halten.

Die gemeinsamen neun Jahre mit Günter Hotz waren in meinem gesamten Berufsleben die wichtigsten und haben mich und mein Denken sehr stark geprägt. Über all die folgenden Jahre in der Industrie war es mir immer ein großes Anliegen, den Kontakt zu Günter Hotz persönlich und zur Saarbrücker Informatik nicht abbrechen zu lassen. Mein besonderer Dank gilt an dieser Stelle Herrn Hotz für seine Zeit und die vielen bereichernden Gespräche.

Im Oktober 1981 habe ich im Zentralbereich Technik der Siemens AG in München meine Industrie-Karriere begonnen. Dort habe ich zunächst im Thema Software Verifikation gearbeitet, bevor ich Mitte 1983 das Angebot bekam, für Siemens das European Computer Industry Research Centre (ECRC) mitzugründen. Mein erstes Projekt neben den anfallenden Gründungsaufgaben (wie z. B. Aufbau des Rechenzentrums) war die Entwicklung des weltweit ersten Compilers für die Logische Programmiersprache PROLOG. Danach war ich Projektleiter des europäischen Forschungsprojekts CHIC (Constraint Handling in Industry and Commerce), in dem die bei ECRC entwickelten Konzepte zu Constraint Logic Programming zum Einsatz kamen.

Nach Rückkehr in die Siemens AG 1988 habe ich dort ein Labor geleitet, wo wir uns dem Thema Erweiterungen von ECRC-Prolog (u.a. mit Boolescher Unifikation) für Anwendungen im Thema Korrektheitsnachweis von elektronischen Schaltkreisen und von Kommunikations-Protokollen bis hin zu kommerziellen Produkten beschäftigt haben.

1991 bekam ich das Angebot, Persönlicher Referent des Siemens Forschungschef zu werde, was ich dann gute 3 Jahre war. Nach dieser Zeit war ich dann als Berater innerhalb des Konzern-weiten TOP Programms (Time Optimized Processes) zunächst in Athen tätig, bevor im TOP Umfeld die erste Siemens-weite Innovations-Initiative gestartet wurde. Innerhalb dieser Aktivität habe ich u.a. Innovations-Schulungen für das Management und internationale Innovations-Workshops veranstaltet und das Projektbüro der Initiative geleitet.

Ende 1995 wechselte ich aus der Zentrale in den Siemens Unternehmensbereich Private Netze in den Bereich Kommunikations-Endgeräte. Zunächst habe ich im Produktmanagement für DECT Telefone ein Joint Venture mit Swatch in der Schweiz betreut und dann den OEM Vertrieb übernommen, bevor ich als COO 1997 zu den Mobiltelefonen gewechselt bin.

Nach Leitung des Partnermanagements (mit Schwerpunkt Japan und USA) wurde mir die Leitung des Geschäftsfelds UMTS Telefone angeboten. Kurz vor der Veräußerung des Mobiltelefon-Geschäfts an BenQ habe ich Ende 2004 die Siemens AG verlassen und bin in den Venture Capital Bereich in ein Tochterunternehmen (SMAC) gegangen. Dort habe ich als Liaison Manager unsere investierten Portfolio-Firmen (Startups im Mobilfunk-Umfeld weltweit) mit den entsprechenden Abteilungen innerhalb Siemens zusammengebracht (Forschungs- und Vertriebskooperationen).

Leider war SMAC die erste Organisation, die im Zuge des Siemens-Ausstiegs aus dem Telekommunikationsgeschäft geschlossen wurde. So kam ich zurück in die Siemens AG in den Geschäftsbereich Netzwerke und habe dort die Leitung Innovation Management übernommen.

2007 kam es zum Zusammenschluss mit Nokia (Nokia Siemens Networks – NSN). Dort habe ich die Leitung Innovation Management für NSN innerhalb der Strategieorganisation fortgesetzt. Nach Schließung des Innovation Management habe ich im Rahmen New Business Development mit einem Startup in Kalifornien zusammen eine Cloud Computing Lösung für Telecom Operator entwickelt und bis zur erfolgreichen Vermarktung gebracht.

Im April 2012 kam es dann zu einer großen Entlassungswelle bei NSN, die mich dann auch getroffen hat ...

Im September 2012 habe ich bei TÜV SÜD die Leitung des konzernweiten ICT-Projekts (Information and Communication Technology) übernommen. In diesem Projekt wurden die Potentiale für TÜV SÜD im Bereich ICT ermittelt und erste Schritte zur Entwicklung einer entsprechenden Organisation angegangen. Bei TÜV SÜD kam ich dann zum ersten Mal mit Themen der Automobilindustrie in engen Kontakt.

Noch während des ICT-Projektes wurde mir die Geschäftsführung eines neu gegründeten Startups (Blue Telematic Services – BTS) angeboten. In BTS haben wir eine Telematik-Lösung für Fahrzeug-Fuhrparks entwickelt, die helfen sollte, den Kraftstoffverbrauch in Firmenflotten durch Rückspiegelung des Fahrverhaltens signifikant zu reduzieren. Managementwechsel bei TÜV SÜD haben dann 2015 zum Ausstieg aus und zur Schließung der BTS geführt.

Im Januar 2016 bekam ich dann das Angebot, die Geschäftsführung des ASAM e.V. (www.asam.net) zu übernehmen, die ich dann fünf Jahre innehatte. Seit April 2021 bin ich nun bei ASAM beratend tätig und habe weiter die Leitung unserer Organisationen in Japan und China inne.

ASAM (Association for Standardization of Automation and Measuring Systems) ist ein Verein der internationalen Automobil-Industrie mit dem Ziel, Standards für die Entwicklung von elektronischen Steuerelementen in Fahrzeugen zu entwickeln. Im Vordergrund stehen hier Beschreibungen von Datenmodellen, Schnittstellen und Protokollen, um den korrekten und sicheren Datenaustausch zwischen unterschiedlichen Entwicklungs-Werkzeugen und zwischen Kunden und Lieferanten sicherzustellen.

Seit 2019 beschäftigt sich ASAM auch mit der Standardisierung im Bereich Simulation zur Verifikation und Validierung im Bereich automatisiertes und autonomes Fahren. Hier haben wir in den letzten Jahren wesentliche Standards für die Automobilindustrie entwickelt, die nun weltweit zum Einsatz kommen.

Mein persönliches Fazit: es waren mehr als 45 hochinteressante Berufsjahre, in denen die Themen Innovation, Partnermanagement und Kundenorientierung das Fundament aller meiner diversen Tätigkeiten gebildet haben. Ich konnte in all diesen Jahren in den verschiedenen Positionen vielfältige Erfahrungen in den Bereichen Informationstechnik, Telekommunikation, Venture Capital und Automobilindustrie sammeln und technologische und geschäftliche Fortschritte immer wieder aktiv mitgestalten.

In allen diesen Themen konnte ich meine vielfältigen Kenntnisse, und speziell die, die ich von und mit Günter Hotz erlernen konnte, erfolgreich im industriellen Umfeld nutzbringend anwenden.

Günter Hotz prägt bis zum heutigen Tag meine berufliche Karriere!

Lieber Herr Hotz, herzlichen Dank dafür!

# #20 Pink, Axel

Geboren in Dillingen an der Saar am 29. Oktober 1949, studierte ich von 1970 bis 1975 an der Universität des Saarlandes Mathematik mit Nebenfach Physik/Informatik.

Kurz vor dem Vordiplom kam ich durch Gerd Kaufholz (#7), der damals wissenschaftlicher Mitarbeiter am Lehrstuhl von Günter Hotz war, mit der neugegründeten Informatik in Kontakt. Mein Interesse war sofort geweckt, sodass ich nach dem Vordiplom das Nebenfach zu Informatik wechselte. Von Anfang an hat mich die Informatik begeistert und meinen beruflichen Werdegang entscheidend geprägt.

Anfang 1975 legte ich das Diplom in angewandter Mathematik bei Günter Hotz ab. Unmittelbar danach bot Günter Hotz mir eine Stelle als wissenschaftlicher Mitarbeiter im Sonderforschungsbereich 100 Elektronische Sprachforschung an mit der Chance, eine Dissertation zu schreiben.

Im Sonderforschungsbereich 100 habe ich bei der Definition der höheren Programmiersprache COMSKEE (Computing and String Keeping Language) sowie bei der Entwicklung des zugehörigen Compilers mitgearbeitet. Ziel war eine Programmiersprache zur Entwicklung von Programmen zur Übersetzung von natürlichen Sprachen. Für mich war dies eine gute Gelegenheit, Erfahrung in praktischer Informatik zu sammeln.

Ganz besonders prägte mich die Stimmung und Arbeitsatmosphäre im Institut von Günter Hotz, der auch in der praktischen Informatik neue Wege aufzeigte, um damit kreativ neue Software-Werkzeuge zu entwickeln. Später konnte ich nach seinem Vorbild in meinen Projekten Mitarbeiter für neue, innovative Entwicklungen begeistern und diese zum Erfolg führen.

Günter Hotz bot mir die Möglichkeit, mit dem praktischen Dissertationsthema „Der Datentyp Netz" aus dem Gebiet der Programmiersprachen zu promovieren. Meine Tätigkeit im Institut endete 1980 mit der Promotion. Diese war eine ideale Vorbereitung für meine Bewerbung in der Industrie,

Nachdem ich Angebote der Firma Siemens AG in München sowohl aus dem Forschungs- als auch dem Entwicklungsbereich hatte, bat ich Günter Hotz um

Entscheidungshilfe. Ich folgte seinem Rat, das Angebot aus dem Entwicklungsbereichs der Kommunikationstechnik anzunehmen, was sich in der Folge als genau richtig erwies.

Es war gerade die Zeit der weltweiten Digitalisierung der Telefonnetze, die neue Standards auf dem Gebiet der Übertragungsprotokolle, Programmiersprachen und Entwicklungswerkzeugen erforderte. Die Definitionen erfolgten unter der Führung der CCITT (International Telegraph and Telephone Consultative Committee). In diesem Rahmen wurde auch die Programmiersprache für Telefonsysteme definiert, die von den Herstellern der Systeme einzusetzen war. Meine erste Aufgabe in der Kommunikationstechnik von Siemens war die Mitarbeit bei der Definition der Programmiersprache CHILL (CCITT High Level Language) in einer internationalen Projektgruppe der CCITT und die Entwicklung eines Compilers bei Siemens. Dies entsprach exakt meiner Tätigkeit im Sonderforschungsbereich 100. Ich war also gut vorbereitet für den sofortigen Arbeitsbeginn bei Siemens.

Im weiteren Verlauf meiner Tätigkeit als Abteilungsleiter wurde ich unter dem Thema Systems Engineering damit betraut, die Software-Architektur des Siemens-Telefonsystems zu systematisieren. Im Rahmen dieser Arbeiten ergab sich auch die Möglichkeit, das Thema Software-Architektur in mehreren Forschungsprojekten mit Manfred Broy, Professor am Institut für Informatik an der TU München, zu vertiefen.

Zum Erreichen der Qualitätsanforderungen, die an Kommunikationssysteme gestellt wurden (Dynamik, Zuverlässigkeit, Wartbarkeit) wurden eine entsprechende Software-Architektur und Entwicklungsprozesse benötigt.

Die Erfahrungen, die sich aus der jahrelangen praktischen Entwicklungstätigkeit sowie den Forschungsprojekten ergaben, habe ich in Zusammenarbeit mit Manfred Broy und mit der Unterstützung erfahrener Mitarbeiter von Siemens in einem Buch beschrieben. Es wurde 2002 im Springer-Verlag unter dem Titel „Software-Entwicklung für Kommunikationsnetze" veröffentlicht.

Nachdem ich im November 2012 in den Vorruhestand eingetreten bin, habe ich mich wieder mit angewandter Mathematik beschäftigt.

Die Planung von Windkraftanlagen in alten wertvollen Waldgebieten in meiner unmittelbaren Umgebung war Anlass, mich mit dem Thema Statistik für seltene oder extreme Ereignisse zu beschäftigen.

Ein bisher wenig untersuchtes Problem ist nach meiner Recherche die Größe von Stromspeichern als Voraussetzung dafür, diese Technologie überhaupt erfolgreich einsetzen zu können.

Aufgrund der Arbeiten von Benoit B. Mandelbrot muss man davon ausgehen, dass die Verteilung der Streubreiten von Windflauten über längere Zeiträume die benötigten Speicherdimensionen entscheidend beeinflussen. Ernsthafte Untersuchungen dieser Problematik halte ich für dringend notwendig.

Angewandte Mathematik kann dabei helfen, elementare politische Entscheidungen zu unterstützen und abzusichern.

# #21 Messerschmidt, Jan

Geboren am 20.07.1954 in Merzig/Saar. 1973-1977 Studium der Informatik und Mathematik an der Universität des Saarlandes. 1980 Promotion bei Günter Hotz mit einem Thema aus dem Gebiet der formalen Sprachen. 1977-1986 Wissenschaftlicher Mitarbeiter im Sonderforschungsbereich (SFB) 100 „Elektronische Sprachforschung" an der Universität des Saarlandes (bzw. am Lehrstuhl Hotz). Im WS 1986/87 Gastprofessur an der Universität Oldenburg. Zuvor schon zusammen mit Peter Auler (#25) und Bernd H. Schmidt 1981/1982 Gründung der DIaLOGIKa Gesellschaft für angewandte Informatik GmbH, die u.a. auch bis über das Jahr 2000 hinaus unter Verwendung der im SFB 100 entwickelten Programmiersprache Comskee komplexe Lösungen im Bereich der linguistischen DV entwickelt. In der DIaLOGIKa insbesondere (ab 1998) die Verantwortung für den Bereich *Elektronische Lösungen für im Telekommunikationsgesetz vorgeschriebene Verfahren*. 2018 wird die DIaLOGIKa im Rahmen des Generationswechsels an drei rd. 30 Jahre jüngere Absolventen der Saarbrücker Informatik übergeben. Gründung der LibroDuct GmbH & Co. KG im selben Jahr (2018).

Die DIaLOGIKa wäre übrigens ohne Günter Hotz nicht entstanden: Nicht nur dadurch, dass ihre Gründer gemeinsam seine Anfängervorlesungen besuchten und dort gemeinsam auch einen ersten Hiwi-Job bekamen (mit Peter Auler war ich allerdings auch schon ab Übergang ins Gymnasium zusammen in einer Klasse), sondern auch dadurch, dass er uns seit Gründung physisch, mental und durch seinen guten Rat immer wieder unterstützt hat. Letzteres haben wir nach seiner Emeritierung dadurch formalisiert, dass wir ihn gebeten haben, unser Wissenschaftlicher Beirat zu werden. Diesem Wunsch hat er gerne entsprochen und wir konnten über viele Jahre und in vielen wissenschaftlichen Audits von seiner breiten Erfahrung profitieren. Aber auch hier hat zwischenzeitlich ein Generationenwechsel stattgefunden: Aktuell besteht der Wissenschaftliche Beirat aus Michael Breder (#19) und Thomas Kretschmer (#29).

**Ökologische Mobilität und das Radfahren**

Seit dem Umzug der DIaLOGIKa an ihren heutigen Standort Pascalschacht in Saarbrücken-Dudweiler am 1.5.1991 („Tag der Arbeit") fahre ich mit dem Fahrrad zur Arbeit (vorher musste ich lediglich die Straße überqueren, was halt zu Fuß am wenigsten aufwendig ist) und bin seit 1990 auch im Allgemeinen Deutschen Fahrrad-Club (ADFC) aktiv – als Ausdruck meines Strebens nach (persönlicher Gesundheit und) umweltverträglicher Mobilität (und als sportliche Herausforderung). Letztlich war auch genau der Gedanke an umweltverträgliche Mobilität Ansporn dafür, dass wir –  die DIaLOGIKa – uns 2010 bei dem Wettbewerb um den „Fahrradfreundlichsten Arbeitgeber Deutschlands" beworben haben. Zu unserer völligen Verblüffung haben wir aus dem Stand den 1. Platz in der Kategorie der Unternehmen bzw. Institutionen mit 50-499 Mitarbeitern erreicht (was wir 2012 sogar nochmal wiederholen konnten; seither wird der Preis nicht mehr vergeben).

**Problemstellung**

Das genannte Interesse an „ökologischer" Mobilität (also einer solchen, die weitgehend ohne fossile Brennstoffe auskommt) brachte mich 2009 zu der Frage, wieso es eigentlich in meiner Heimatstadt Saarbrücken keine Elektrobusse (mehr) gibt. Immerhin kannte ich aus meiner Jugend noch Oberleitungsbusse – im Saarland sagt man Trolleybusse – d.h. Elektrobusse, die ihren Strom, ähnlich wie die Straßenbahn, aus einer Oberleitung beziehen. Im Unterschied zu diesen benötigen Obusse ein Oberleitungs*paar*, da es bei Bussen (im Normalfall!) keine Schienen gibt, die als Rückleiter genutzt werden könnten. Dass es ein Paar ist und dass dieses – anders als bei Straßenbahnen – nicht genau über dem Fahrzeug verläuft (bzw. das Fahrzeug auch versetzt zu den Fahrdrähten fahren darf), erzwingt, dass die Technik für die Stromabnehmer auch anders als bei (heute üblichen) Straßenbahnen ist. Es werden nämlich *Stangen*stromabnehmer benutzt, die exakt positioniert an die Oberleitung *angedrahtet* (d.h. mit dieser in Kontakt gebracht) werden müssen. Traditionell macht das der Fahrer (oder halt die Fahrerin), indem er aussteigt, um den Bus herum ans Heck läuft und von dort die Stangen mit an ihnen befestigten Schnüren an den jeweiligen Oberleitungsdraht dirigiert.

Das ist natürlich aufwendig und auch nicht ungefährlich.

Aber das sollte sich doch automatisieren lassen!

## Chancen durch neue Batterietechnologie

Da es 2009 (anders als in meiner Jugend) auch schon ausreichend preiswerte (€ pro kW bzw. kWh) und leistungsstarke (kW bzw. kWh pro kg bzw. m³) Batterien gab, lag die Überlegung nahe, dass man sich mit der Möglichkeit des automatischen *Andrahtens* (der Trolleybusse an die Oberleitung) (zusammen mit dem automatischen *Abdrahten*) eine ganze Reihe von Vorteilen verschafft, die es bei traditionellen Trolleybussen einfach nicht gab: So kann man insbesondere nur teilweise elektrifizierte (d.h. mit Oberleitung versehene) Strecken befahren, bei denen man unter der Oberleitung die Batterie lädt, aus der man in den übrigen Streckenabschnitten die Energie für Traktion und sonstige Verbraucher bezieht. (Darauf, welche Vorteile Trolleybusse gegenüber reinen Batteriebussen haben, gehe ich im nächsten Kapitel ein.) Auch bei Umleitungen muss nicht wie ehedem auch die Oberleitung verlegt werden oder der Bus für diese Zeit durch eine entsprechend vorzuhaltende Dieselreserve ersetzt werden. Eine enorme Preisreduktion ist damit möglich, die die Kosten des Trolleybusbetriebs mittlerweile auf ungefähr das Niveau der Dieselkonkurrenz gesenkt hat.

### Aber worin liegt nun der entscheidende Vorteil von Trolleybussen?

Insbesondere gegenüber (reinen) Batteriebussen?

Da gibt es in der Tat eine ganze Reihe. Der wichtigste aus meiner Sicht: Während der Bus unter Oberleitung fährt, entfallen für den aktuellen Verbrauch die Umwandlungsverluste, die durch Speichern in die und Entnahme aus der Batterie zwangsläufig entstehen. Das sind immerhin 15-20 %, die regelmäßig als Abwärme der Batterie und der notwendigen Elektronik anfallen. Der nächstwichtigste Vorteil besteht darin, dass man mit viel kleineren Batterien auskommt. Selbst im Vergleich zum *Gelegenheitslader*, der immer beim Aufenthalt an der Endhaltestelle nachgeladen wird und daher mit halbwegs kleiner Batterie auskommt. Umso mehr beim Depotlader, bei dem die Ladung sogar für den ganzen Tag reichen muss.

Es gibt allerdings auch einen gewichtigen Nachteil der Trolleybusse: Die Oberleitung kostet einfach viel Geld (Daumenwert: 0,5 bis 1 Mio. € pro km Linie mit allen Nebenkosten). Dafür hält sie aber auch lange (Daumenwert: 40 Jahre). Insofern ist es halt ein Rechenexempel, das aber regelmäßig (bei Linien mit höherer Frequenz) zugunsten des Trolleybusses ausgeht.

### Vorteile durch automatisches Andrahten

Also versprach die Lösung des Problems des automatischen Andrahten *einen*, wenn nicht sogar *den* wesentlichen Faktor zu neutralisieren, der einem Revival des Trolleybusses entgegenstand. Die Automatisierung des Andrahtens wurde zu der Zeit (2011) offenbar auch von anderen Entwicklern als spannende Aufgabe angesehen. Was zu der Zeit gerade eingeführt wurde, war eine Lösung, bei der der Vorgang mit einer mechanischen Andrahthilfe so weit vereinfacht wurde, dass ein Aussteigen des Fahrers entbehrlich wurde. Es reicht, dass der Fahrer den Bus ausreichend genau unter der *Trichter* genannten Andrahthilfe platziert, sodass die Stangen lediglich senkrecht nach oben geschwenkt werden müssen und trotzdem die Oberleitung mit hoher Wahrscheinlichkeit nicht verfehlen. Vor-aussetzung ist dann allerdings auch, dass sich die Oberleitung exakt über der Spur befindet, in der der Bus steht (was nicht immer klappt, s. nebenstehendes Foto aus Wikipedia). Und dass eben an der entsprechenden Stelle auch ein Trichter installiert ist, was man aus Kosten-, Optik- und Geräusch-Gründen natürlich nicht einfach an jeder Haltestelle vornehmen möchte.

Also ausreichend viele Gründe, eine wirklich automatische Lösung zu entwickeln. Als Software-Entwickler hatte ich natürlich den Vorteil, dass mir Lösungen naheliegen, bei denen komplizierte Hardware durch Software ersetzt wird. Diese ist zwar im Zweifel auch alles andere als einfach (was sich nachfolgend auch bestätigte), dafür hat sie aber den Vorteil, dass ihre Reproduktion praktisch keine Kosten verursacht.

Viele Ideen wurden geboren und wieder verworfen, übrig blieb die, die dem Ansatz nahekommt, wie es auch der Busfahrer macht: Er *schaut*, wo sich die Oberleitung befindet, und dirigiert anschließend die Stangen an die optisch im 3D-Raum lokalisierte Oberleitung.

**Stereooptische Lokalisierung im 3D**

Für das optische 3D-Lokalisieren im Raum gibt es verschiedene Ansätze: zum einen mit einem rotierenden Laser die Umgebung abtasten und aus der Laufzeit des „Echos" der Laserblitze ableiten, wie weit ein vom Laserstrahl getroffenes Hindernis (im konkreten Fall also die Oberleitung) wohl entfernt ist („Lidar"). Die zweite Möglichkeit, die allerdings 2009 noch überhaupt nicht und aktuell auch nur mit sehr großen Einschränkungen zur Verfügung steht, ist die, mit ToF-Kameras (Time of Flight) nicht nur die Grauwerte der von der Kamera erfassten Bildpunkte zu bestimmen, sondern, ähnlich wie bei Lidar, aber jetzt für jedes einzelne Pixel, auch den Abstand des getroffenen Bildursprungpunktes zur Kamera.

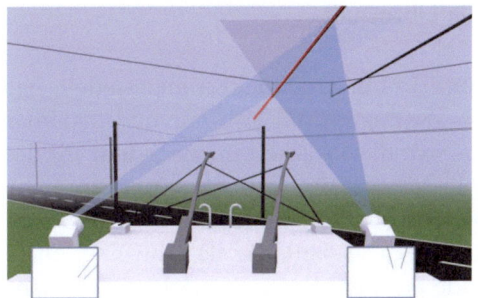

Wir wählten die dritte Lösung, nämlich, mit zwei Kameras stereoskopische Bilder aufzunehmen und in diesen nicht nur die Oberleitungen – mit Methoden der Computer Vision – zu identifizieren, sondern auch ihre Position als angenäherte Gerade im 3D-Raum zu bestimmen (nebenstehend: Blick vom Busdach auf beginnende Oberleitung; in den kleinen Bildern: Sicht der beiden Kameras; rote Linie: die sich durch den Schnitt der von den linken Strichen im jeweiligen Bild aufgespannten Ebenen ergebende Gerade).

So schön einfach wie im illustrierten Beispiel ist es in der rauen Wirklichkeit jedoch leider nicht: In realen Bildern, die auf einem an einer Haltestelle stehenden Bus beim Blick „in den Himmel" erfasst werden, kann es durchaus Hunderte von Linien geben, die in erster Näherung auch von Oberleitungen herrühren könnten. Eine Reihe von „Invarianten" erleichtert uns hier aber das Leben. Die wichtigsten sind dabei die Dicke der Drähte (sie haben 12 mm Nennmaß) und dass – mit geringen Toleranzen – die beiden ein Oberleitungspaar bildenden Drähte nur in einem durch eine Norm festgelegten Höhenbereich und dann auch nur gleich hoch, gegeneinander parallel und mit festgelegtem Abstand erwartet werden müssen (tatsächlich ist es noch ein gutes Stück komplizierter, das würde hier aber zu weit führen).

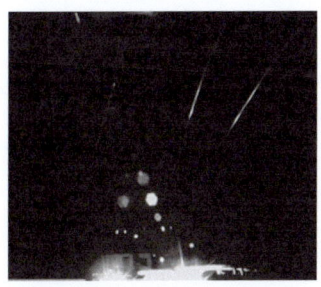

Am Tag sind (aus dem Blickwinkel der auf dem Busdach platzierten Kameras) die Oberleitungen ja dunkle Striche vor hellem Himmel. Aber auch bei Nacht lassen sich die Oberleitungen, wie wir bei einem Versuch während einer Mitfahrt auf einem Revisionsfahrzeug des Saarbrücker Straßenbahnbetreibers *Saarbahn* feststellen konnten (und später dann z.B. bei einem Test in der Trolleybusstadt Szeged, s. nebenstehendes Foto), recht leicht identifizieren: Wenn man sie gleichfalls „von unten" mit einer Lampe anstrahlt, dann reflektiert ihre regelmäßig blank geschliffene Unterseite – obwohl der Rest großteils schwarz oxidiert ist – sehr gut das Licht. Dieses darf sogar auch (nah-) infrarot und damit für das menschliche Auge weitgehend unsichtbar sein, man will ja schließlich keine Anwohner in den oberen Hausetagen blenden. Wenn man es dann noch passend zur Bildwiederholrate der (Video-) Kamera gepulst leuchten lässt, kann man die verwendeten LEDs auch noch mit deutlich höherer Kurzzeitals ihrer Nennleistung betreiben. Das spart konstruktiven Aufwand und – letztlich – Geld.

**Aus dem Projekt LibroDuct wird die Firma LibroDuct**

Das ganze Projekt, LibroDuct genannt und in der DIaLOGIKa angesiedelt, hat sich dann in der Folge stark ausgeweitet. Zu Beginn nur von mir und maximal einem engagierten Praktikanten betrieben, war das Projektteam, nachdem wir die Schweizer Firma Kummler+Matter AG (K+M) als Entwicklungspartner und vor allem Co-Finanzier gewinnen konnten, auf bis zu 12 Mitarbeiter angewachsen. Aber auf Anweisung ihrer damaligen Muttergesellschaft, die als Schweizer Energieerzeuger aufgrund der seinerzeit gerade auf dem Erzeugermarkt einbrechenden Strompreise für längerfristige Entwicklungen kein Geld mehr hatte, musste K+M sich aus dem Projekt zurückziehen. In der Folge schrumpfte die Mannschaft (von fallweise aus der DIaLOGIKa bezogener Beratungsleistung abgesehen) auf heute fünf Kernentwickler, darunter auch eine für die Maschinenbau-Aspekte zuständige Konstruktionsingenieur*in*.

Wurde in der Periode von K+M die für die Prototypen notwendige Hardware noch von K+M (bzw. einem von K+M beauftragten Ing.-Büro) entwickelt, so fiel auch diese Aufgabe danach (wieder) an uns. Eine nette Herausforderung für jemanden, der eigentlich nur IT gelernt hat, als Alltagsradfahrer aber auch immerhin Grundkenntnisse der Mechanik vorweisen kann und zudem noch Leute kennt, die sich nicht nur mit Fahrrad-Mechanik auskennen.

In der Entwicklung stellte zudem auch der 2018 vorgenommene Generationenwechsel der DIaLOGIKa insofern eine Zäsur dar, als den drei jungen Übernehmern der DIaLOGIKa das LibroDuct-Projekt mit seinem hohen Maschinenbauanteil zu exotisch war. Einstampfen wäre keine Option gewesen, also gründete ich die Firma LibroDuct, auf Anraten des Beraters, den wir gemeinsam für den Eigentumsübergang der DIaLOGIKa engagiert hatten, als GmbH & Co. KG. In dieser neuen Firma sind seither die Entwicklungen gebündelt. Um den Mitarbeitern aber die Sicherheit der ungleich größeren Firma DIaLOGIKa zu erhalten, sind sie nach wie vor in dieser angestellt. Ihre Arbeitsleistung wird von der LibroDuct „eingekauft".

**IP (intellectual property) und Patente**

Schon 2009 war mir klar, dass (anders als bei unseren üblichen IT-Projekten) die Absicherung unserer Ideen gegen Kopieren essenziell ist. Sichtbar wurde das z.B. an zwei Konkurrenzprojekten, die kurz nachdem wir an die Öffentlichkeit gegangen sind, gestartet wurden und die auch das automatische Andrahten zum Ziel hatten bzw. haben. Während das „andere" eine rein mechanische Lösung anstrebte, basiert das „eine", mit dem wir sogar – trotz aller Konkurrenz – in Freundschaft verbunden sind (genauer: mit seinem Spiritus Rector Matthias Thein, mittlerweile *ehemaliger* Professor an der FH Zwickau), genau wie das unsere auch auf dem

Prinzip des optischen Erkennens der Oberleitung. Da wir ja schon die stereoskopische Mustererkennung durch ein Ende 2010 angemeldetes Patent abgesichert hatten, haben sich die Zwickauer dann auf den oben beschriebenen Ansatz mit Lidar („Laser-Radar") kapriziert.

Im Zuge der (internationalen) Patentanmeldung, u.a. unter ausgesprochen nützlicher Beratung durch die *PatentVerwertungsAgentur der saarländischen Hochschulen*, machten wir übrigens die interessante Erfahrung, dass das erste Land, das uns das Patent erteilte, Russland war. Und das letzte der rund 20, in denen wir angemeldet haben, waren dann die USA. In keinem der einzelnen Verfahren dabei ging die Anmeldung „einfach so" über die Bühne, vielmehr war es jedes Mal notwendig, weitere Erläuterungen zu geben bzw. auch die eingereichten Ansprüche umzuformulieren oder auch zusammenzufassen (was im Detail das Patent zwar weniger umfassend macht, die generelle Schutzwirkung aber nicht wirklich tangiert).

Insgesamt haben wir in dem Umfeld noch 6 weitere Patentanmeldungen eingereicht, von denen aktuell immerhin zwei auch erteilt wurden (bzw. ihre Erteilung angekündigt ist), eines (das K+M eingereicht hatte und an das wir eigentlich auch nie geglaubt hatten) haben wir verfallen lassen und bei den übrigen sind wir noch mit dem deutschen oder dem europäischen Patentamt in Diskussion, die sich, auch so eine Erfahrung, ziemlich ewig in die Länge ziehen kann.

**Aktueller Stand**

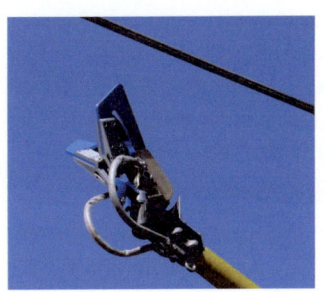

Seit Herbst 2016 realisieren wir den Prototypen der 3. Generation (genannt „Typ3"), der im Gegensatz zu seinen Vorgängern von der Aktorik her rein elektrisch betrieben wird (die Vorgänger benutzten teilweise Pneumatik). 2018 konnten wir den Typ3 erstmalig auch auf einen „echten" Bus installieren (in Eberswalde) und am dorti

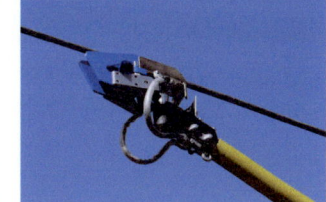

gen Oberleitungsnetz testen. Dabei stellte sich heraus, dass das Andrahten in der Tat (weitgehend) wie erwartet funktioniert. Nicht aber das Fahren, da in der Mechanik ein auch nur kniffelig zu erkennender Fehler enthalten war. Nach dessen Behebung, was tatsächlich Monate beanspruchte, konnten wir dann 2019 in Szeged (Ungarn) den nächsten Praxistest durchführen und feststellen, dass jetzt auch das Fahren (im Liniennetz) fehlerfrei funktioniert.

Leider hat dann die Corona-Pandemie weitere Tests erst mal weitgehend unmöglich gemacht. Wir nutzten die Zeit für weitere Optimierungen, nämlich insbesondere für eine enorme Beschleunigung der Kalibrierung der Kameras und eine wichtige Verbesserung bei den auch zum Patent angemeldeten Flügelschuhen (s. Fotos  oben). Diese verfügen – im Gegensatz zu konventionellen Schleifschuhen – über automatisch ausklappende „Flügel", die die Toleranz beim „Treffen" der Oberleitung dadurch erhöhen, dass es mit ihnen nicht mehr notwendig ist, auf ±1 cm genau zu treffen, sondern nur noch auf ±10. Auch haben wir uns in der Zeit mit einem „Hochgestell" (s. Foto links) die Möglichkeit geschaffen, viel schneller als bisher Tests unseres Systems bei einem Verkehrsbetrieb durchzuführen, was sich hoffentlich schon bald auszahlen wird.

**Und die nächsten Schritte?**

Nachdem das *Andrahten im Stand* soweit erreicht ist, möchten wir als nächste Entwicklungsstufe auch das *Andrahten im (nicht zu schnellen) Fahren* angehen. Dazu ist zunächst die mechanische Basis in Form einer Kleinserie nochmal von Grund auf zu überarbeiten (bisher benutzen wir als Grundlage *Basen* von K+M aus den 1980er-Jahren). Um unser Vorhaben zu finanzieren, haben wir einen Förderantrag beim Bundesministerium für Digitales und Verkehr (BMDV) im Rahmen der *Förderrichtlinie Elektromobilität* gestellt. Nachdem in der Vergangenheit (außer für eine Minimalförderung zur ausländischen Patenteinreichung) alle unsere Förderanträge negativ (oder gar nicht) beschieden wurden (wenngleich auch manche nur ganz knapp), hoffen wir nun darauf, dass sich bei den verantwortlichen Stellen endlich die Erkenntnis durchsetzt, dass es wichtig ist, auch bei kommunalen Bussen alle Möglichkeiten für die Energieeffizienz auszunutzen. Denn auch hier gilt, dass Strom nicht einfach so aus der Steckdose kommt.

Aber wir geben die Hoffnung nicht auf, oder, um unseren Doktorvater zu zitieren, dem ich nicht zuletzt für diesen Satz hiermit ganz herzlich danken möchte: Qualität wird sich (hoffentlich) letztlich durchsetzen.

## #22 Simon, Hans Ulrich

Geboren am 12.09.1954 in Krefeld. 1972-1978: Studium der Mathematik und Informatik an der Universität des Saarlandes. 1981: Promotion bei Günter Hotz mit einem Dissertationsthema aus der Komplexitätstheorie. 1989: Habilitation (kumulativ) am Fachbereich Informatik der Universität des Saarlandes. 1979-1989: Wissenschaftlicher Mitarbeiter am Lehrstuhl von Prof. Günter Hotz (mit zwischenzeitigen Vertretungsprofessuren an den Universitäten Darmstadt, Dortmund und Saarbrücken sowie zwischenzeitiger Finanzierung durch die Siemens AG, verbunden mit Forschungsarbeiten zum Multiprozessor-Scheduling). 1990-1997: C3-Professur für Komplexitätstheorie an der Universität Dortmund. 1997-2020: C4-Professur für Theoretische Informatik an der Ruhr-Universität Bochum. Seit August 2020: Professor im Ruhestand.

### Doktorandenzeit und spätere Arbeitsschwerpunkte

Im Studium war Mathematik mein Erst- und Informatik mein Zweitfach. Bei der Diplomarbeit unter Betreuung von Prof. Günter Hotz bot sich die Möglichkeit, diese beiden Gebiete zu kombinieren. Die Verbindung von Mathematik und theoretischer Informatik hat mich seitdem nicht mehr losgelassen und gerne denke ich an die inspirierenden Gespräche mit Günter Hotz in meiner Zeit als sein wissenschaftlicher Mitarbeiter zurück. Ich bin ihm zutiefst dankbar für die Freiheiten, die er mir bei der Wahl von Forschungsthemen gelassen hat. Und für sein Vertrauen, dass seine Mitarbeiterinnen und Mitarbeiter "ihr Ding" finden und ihren Weg gehen werden. "Mein Ding" ist in erster Linie die Theorie des maschinellen Lernens geworden. In einer frühen Phase meiner Arbeiten beschäftigte ich mich mit mathematischen Modellen der statistischen Lerntheorie und dem Lernen aus zufälligen Beispielen. In der letzten Dekade habe ich mich mathematischen Modellen zum Lernen aus speziell ausgesuchten Beispielen zugewendet. Diese Modelle müssen billige Kodierungstricks ausschließen. Insbesondere dürfen die gewählten Trainingsbeispiele nicht einfach einen Code für das zu lernende Zielkonzept offenbaren. Sally Goldman und David Mathias haben in einer im JCSS 1996 publizierten Arbeit vorgeschlagen, nur *konservative Lernalgorithmen* zuzulassen. Solche Algorithmen behalten ihre aktuelle Hypothese solange bei, wie sie die vorliegenden Trainingsdaten konsistent erklärt. Dies schließt billige Kodierungstricks weitgehend aus. An meinem Lehrstuhl haben wir, zusammen mit der Arbeitsgruppe von Sandra Zilles in Regina, in einer Serie von Arbeiten (mit wechselnden Ko-Autoren) den Zusammenhang zwischen konservativem und Präferenz-basiertem Lernen aufgezeigt.

### Überraschende Entdeckungen

Ein Beitrag zu einer Festschrift sollte nicht in einem zu formalen Gewand erscheinen. Dennoch — und im Bewusstein, dass die Liebe zur mathematischen Analyse ein prägendes Element am Lehrstuhl von Günter Hotz war — vermag ich der Versuchung nicht zu widerstehen, an zwei konkreten Problemen zu illustrieren, welche überraschenden Verbindungen es geben kann zwischen mathematisch-informatischen Problemen, die oberflächlich betrachtet erst einmal recht verschieden aussehen.

### Visuelle Kryptographie und Polynom-Approximation.

*Visuelle Kryptographie* und $(k,n)$-*Schemata* wurden von Moni Naor und Adi Shamir auf der EUROCRYPT 1994 ins Gespräch gebracht. Ein Absender, der eine geheime Nachricht übermitteln möchte, verteilt $n$ Folien unter $n$ Empfängern, wobei die Folien scheinbar zufällige Bilder enthalten. Ein $(k,n)$-Schema erreicht das Folgende. Legen $k$ oder mehr Empfänger ihre Folien aufeinander, dann wird eine geheime Nachricht sichtbar. Wenn andererseits weniger als $k$ Empfänger ihre Folien stapeln oder auf andere Weise analysieren, können sie kein einziges Bit an Information herausziehen. Ein wichtiges Maß für die Güte eines solchen Schemas ist der (Hell-Dunkel-)*Kontrast*, mit welchem die Nachricht sichtbar wird. Dieser Parameter liegt im Intervall im Intervall von 0 bis 1 (1 = perfekte Unterscheidung zwischen hellen und dunklen Pixeln; 0 = kein Unterschied). Naor und Shamir formulierten es als offenes Problem, den bestmöglichen Kontrast $C(k,n)$ für ein $(k,n)$-Schema zu bestimmen. Matthias Krause und ich konnten zeigen, dass $\frac{1}{2}C(k,n)$ identisch ist zum Fehler, der resultiert, wenn das Polynom $X^k$ auf dem Intervall $[-1,1]$ auf bestmögliche Weise durch ein Polynom vom Grad $k-1$ approximiert wird. Der Fehler wird dabei gemessen mit der Supremumsnorm auf $n+1$ äquidistanten Gitterpunkten im $[-1,1]$-Intervall. Polynomapproximationsprobleme dieser Art wurden bereits in der zweiten Hälfte des 19. Jahrhunderts intensiv untersucht (allerdings üblicherweise mit der Supremumsnorm auf dem Gesamtintervall $[-1,1]$ statt auf den $n+1$ Gitterpunkten). Es hat Herrn Krause und mich sehr überrascht, einen solch engen Zusammenhang zwischen visueller Kryptographie und alt-ehrwürdigen mathematischen Problemen der Approximationstheorie zu entdecken.

## Kommunikationskomplexität und Large-Margin-Klassifikatoren.

Eine *Vorzeichenmatrix* ist eine Matrix der Form $M = \{-1,1\}^{m \times n}$. Ein *lineares Arrangement* für $M$ ist gegeben durch Einheitsvektoren $u_1, \ldots, u_m \in \mathbb{R}^d$ und $v_1, \ldots, v_n \in \mathbb{R}^d$ mit der Eigenschaft $\text{sign}(u_i^\top v_j) = M[i,j]$, d. h. die Vorzeichen der Skalarprodukte $u_i^\top v_j$ reproduzieren die Einträge der Matrix $M$. Dabei heißt $d$ die *Dimension* und $\rho = \min\{|u_i^\top v_j| : i = 1, \ldots, m, j = 1, \ldots, n\}$ der *garantierte Randabstand* (englisch: *margin*) des linearen Arrangements. Ziel ist es, ein Arrangement für $M$ kleinstmöglicher Dimension, notiert als $d(M)$, und größtmöglichen Randabstandes, notiert als $\rho(M)$, zu finden. Dieses Problem taucht auf natürliche Weise auf bei der Analyse der Möglichkeiten und Grenzen sogenannter *Large-Margin-Klassifikatoren*. Im Rahmen eines bei uns durchgeführten Promotionsprojektes, konnte Jürgen Forster (einer unserer damaligen Doktoranden) sehr gute untere Schranken für $d(M)$ sowie sehr gute obere Schranken für $\rho(M)$ ausfindig machen. Bei beiden Schranken spielt die Spektralnorm von $M$ eine herausragende Rolle. In Verbindung mit bereits 1971 publizierten Resultaten von Ramamohan Paturi und Janos Simon kann Forster's untere Schranke für $d(M)$, bei geeigneter Wahl von $M$, in eine lineare untere Schranke für die Kommunikationskomplexität im probabilistischen unbounded-error-Modell übersetzt werden. Dies verbesserte die damals beste bekannte (logarithmische) untere Schranke auf dramatische Weise. Herrn Forster's Entdeckungen wurden auf der CCC 2001 mit dem Best-Student-Paper Award honoriert. Dies zeigt beispielhaft, wie Durchbrüche auf einem Gebiet (hier: Analyse von Large-Margin Klassifikatoren) zu weiteren Durchbrüchen auf einem anderen Gebiet (hier: untere Schranken für die probabilistische Kommunikationskomplexität) führen können.

## Ausgewählte eigene Publikationen zum Thema

[1] Shai Ben-David, Nadav Eiron, and Hans U. Simon. Limitations of learning via embeddings in Euclidean half-spaces. *Journal of Machine Learning Research*, 3:441–461, 2002. Extended Abstract in Proc. of COLT 2001.

[2] Nicolò Cesa-Bianchi, Eli Dichterman, Paul Fischer, Eli Shamir, and Hans U. Simon. Sample-efficient strategies for learning in the presence of noise. *Journal of the Association on Computing Machinery*, 46(5):684–719, 1999. Extended Abstract in Proc. of STOC 1996.

[3] Thorsten Doliwa, Gaojian Fan, Hans U. Simon, and Sandra Zilles. Recursive teaching dimension, VC-dimension and sample compression. *Journal of Machine Learning Research*, 15:3107–3131, 2014. Extended Abstract in Proc. of ALT 2010.

[4] Jürgen Forster. A linear lower bound on the unbounded error communication complexity. *Journal of Computer and System Sciences*, 65(4):612–625, 2002. Extended Abstract in Proc. of CCC 2001. Best Student Paper Award.

[5] Jürgen Forster, Niels Schmitt, Hans U. Simon, and Thorsten Suttorp. Estimating the optimal margins of embeddings in Euclidean half spaces. *Machine Learning*, 51(3):263–281, 2003. Extended Abstract in Proc. of COLT 2001.

[6] Jürgen Forster and Hans U. Simon. On the smallest possible dimension and the largest possible margin of linear arrangements representing given concept classes. *Theoretical Computer Science*, 350(1):40–48, 2006. Extended Abstract in Proc. of ALT 2002.

[7] Ziyuan Gao, Christoph Ries, Hans U. Simon, and Sandra Zilles. Preference-based teaching. *Journal of Machine Learning Research*, 18(31):1–32, 2017. Extended Abstract in Proc. of COLT 2016.

[8] David G. Kirkpatrick, Hans U. Simon, and Sandra Zilles. Optimal collusion-free teaching. In *Proceedings of ALT 2019*, pages 506–528, 2019.

[9] Matthias Krause and Hans U. Simon. Determining the optimal contrast for secret sharing schemes in visual cryptography. *Combinatorics, Probability and Computing*, 12(3):285–299, 2003.

[10] Christian Kuhlmann and Hans U. Simon. Construction of visual secret sharing schemes with almost optimal contrast. In *Proc. of SODA 2000*, pages 262–272, 2000.

[11] Nikolas List and Hans U. Simon. SVM-optimization and steepest descent line search. In *Proceedings of the 22nd Annual Conference on Learning Theory*, 2009.

[12] Hans U. Simon. General bounds on the number of examples needed for learning probabilistic concepts. *Journal of Computer and System Sciences*, 52(2):239–255, 1996. Extended Abstract in Proc. of COLT 1993.

[13] Hans U. Simon. An almost optimal PAC algorithm. In *JMLR Workshop and Conference Proceedings, Volume 40: COLT 2015*, 2015. Best Paper Award.

## #23 Becker, Bernd

Geboren am 19.07.1954 in Hermeskeil. Ab 1973 Studium der Mathematik und Informatik an der Universität des Saarlandes. 1979 Diplom in Mathematik bei Gerhard Frey, 1982 Promotion bei Günter Hotz, ausgezeichnet mit dem Dr. Eduard-Martin-Preis der Vereinigung der Freunde der Universität des Saarlandes. 1988 Habilitation an der Math.-Nat.-Fak. der Universität des Saarlandes. 1979-1988 wiss. Mitarbeiter im Sonderforschungsbereich (SFB) 100 „Elektronische Sprachforschung", am „Institut für Informatik und Angewandte Mathematik" und im SFB 124 „VLSI Entwurfsmethoden und Parallelität". 1989-1995 Professsor (C3) für „Komplexitätstheorie und Effiziente Algorithmen" an der J.W.Goethe-Universität Frankfurt. Seit 1995 Professor (Ordinarius) an der Technischen Fakultät der Albert-Ludwigs-Universität Freiburg, 1995 bis zum Eintritt in den Ruhestand 2021 Leitung der Arbeitsgruppe „Rechnerarchitektur".

Die Denomination der beiden Stellen, „Komplexitätstheorie und Effiziente Algorithmen" in Frankfurt, bzw. „Rechnerarchitektur" in Freiburg stehen treffend für das Spannungsfeld, in dem ich mich eigentlich schon seit meiner Arbeit bei Günter Hotz bewege: Er hat mich (und viele andere) immer wieder aufgefordert und motiviert, die betrachteten Probleme einerseits formal und mathematisch zu modellieren und dann nach Lösungsverfahren zu suchen ... und andererseits bei aller mathematischen Modellierung nicht die Anwendung und Anwendbarkeit aus den Augen zu verlieren.

**Der Weg**

„Meine" Anwendungsdomäne ist der Schaltungs- und Systementwurf mit Schwerpunkten im Bereich Qualitätssicherung durch Test und Verifikation. Im Sinne einer mathematischen Modellierung und effizienten Lösung der Probleme spielen Datenstrukturen und korrespondierende Basisalgorithmen eine wesentliche Rolle. Folgende, aus meiner Sicht wichtigen „Stationen" möchte ich hier nur erwähnen. Anschließend gehe ich etwas genauer auf ein aktuelles Projekt ein, in dem sich das oben erwähnte Spannungsfeld exemplarisch widerspiegelt.

- **Der Anfang:** Was mache ich weiter? Das war wie bei vermutlich vielen anderen auch die Frage, die ich mir nach dem Mathematik-Diplom im Bereich Zahlentheorie gestellt habe, und dann glücklicherweise mit Jan Messerschmidt (#21), den ich in gemeinsamen Übungsgruppen kennengelernt hatte, diskutiert habe. Letztendlich hat er mir empfohlen, doch Günter Hotz um Rat zu fragen. Der hat sich alles erzählen lassen und mich dann „gleich dabehalten". So nahmen dann die Dinge ihren Lauf!

- **Der SFB zum Lernen:** Mitarbeit im SFB „VLSI Entwurfsmethoden und Parallelität" in Saarbrücken von 1984-88, Sprecher Günter Hotz und Kurt Mehlhorn. Arbeiten am VLSI-Entwurfssystem CADIC im Projekt von Günter Hotz mit meinen Kollegen Paul Molitor (#27), Rainer Kolla (#28), Uwe Sparmann (#34).

- **Internationale Zusammenarbeit:** Kooperation mit Sudhakar Reddy, University of Iowa. Basisalgorithmen zu Fehlersimulation und automatischer Testmustergenerierung, begonnen schon in Saarbrücken dank eines Humboldt-Forschungspreises, den ich zusammen mit Günter Hotz für Sudhakar Reddy beantragt habe. Die Kooperation dauert bis heute an, wurde aufgrund ihres Erfolges von der Humboldt Gesellschaft dreimal verlängert.

- **Frankfurter Zeit (1989-95):** Arbeiten zu Binary Decision Diagrams (BDDs) als Datenstruktur und korrespondierende Anwendungen, meine ersten „eigenen Mitarbeiter" Rolf Krieger, Ralf Hahn, Rolf Drechsler.

- **Der SFB „zur Anwendung des Gelernten" (2003-2015):** stellvertretender Sprecher des SFB/Transregios „Automatic Analysis and Verification of Complex Systems (AVACS)" mit Projektpartner von den Universitäten Freiburg, Oldenburg, der Universität des Saarlandes und dem Max-Planck-Institut für Informatik.

**Selbsttestende Rechner**

Ich möchte nun etwas genauer auf aktuelle Arbeiten eingehen, die wir im Rahmen des Verbundprojektes „Scale4Edge (S4E)" durchführen.

Zunächst zu **S4E allgemein:** Unter dem Dach der Leitinitiative „Vertrauenswürdige Elektronik" fördert das BMBF Verbundprojekte, die die Produktion von zuverlässiger und sicherer Elektronik ermöglichen. S4E ist eines der ersten geförderten Projekte und wird mit knapp 16 Millionen Euro für drei Jahre gefördert, hat also durchaus die Größenordnung eines SFB.

Ausgangspunkt für S4E ist folgende Beobachtung: Eingebettete Systeme, die durch die Integration von Prozessoren, Spezialhardware und Software entstehen, sind inzwischen unverzichtbarer Bestandteil unseres Alltags, sei es im Verkehrswesen ((autonome) Fahrzeuge, Eisenbahnen und Flugzeuge), in der Medizintechnik, in der Industrieautomation, oder auch in der Mobilkommunikation und Unterhaltungselektronik. Das „Rechenzentrum" dieser Systeme ist der Prozessor, in dem die anfallenden Daten verarbeitet und daraus resultierende Aktionen eingeleitet werden. Je nach Anwendung sind ganz unterschiedliche Aufgaben zu erfüllen – z.B. Entscheidungen und Reaktionen im Millisekundenbereich, aber auch Sammeln und Verarbeiten von „Unmengen" anfallender Daten. Man benötigt also Lösungen, die eine Anpassung an den jeweiligen Einsatzbereich ermöglichen und dort effizient, sicher und verlässlich funktionieren.

Daran arbeiten in S4E insgesamt 19 Partner aus Industrie und Forschung. Dabei setzen die Projektpartner auf den in Fachkreisen anerkannten sogenannten RISC-V-Befehlssatz. Der RISC-V-Befehlssatz erlaubt konzeptuell die Anpassung von Befehlssätzen gemäß der intendierten Applikation. Auf dieser Basis erforscht und konzipiert Scale4Edge eine Entwicklungsplattform, mit der die Daten von elektronischen Geräten schnell und verlässlich analysiert und weiterverarbeitet werden können. Die Plattform soll für alle Anwenderinnen und Anwender, die in diesem Bereich arbeiten, öffentlich zugänglich sein und zuverlässig sowie effizient arbeiten. Dabei wird bewusst der Bogen gespannt von Grundlagenforschung über prototypische Umsetzung bis hin zur industriellen Anwendung. Das zeigt sich u.a. auch in der Liste der Partner und macht S4E zu einer wirklich reizvollen Aufgabe.

**Funktionalität überprüfen**

Meine Arbeitsgruppe entwickelt (mit Infineon als Anwendungspartner) Methoden und Werkzeuge, die mit Selbsttests – sozusagen einem integrierten Hardware-TÜV – überprüfen, ob die Elektronik korrekt funktioniert.

Dabei sind zwei unterschiedliche Testphasen zu unterscheiden. Kommt ein Chip-Bauteil gerade aus der Produktion, findet noch vor Inbetriebnahme der sogenannte **Fertigungstest** statt. Es wird überprüft, ob der Chip tatsächlich so funktioniert, wie ursprünglich im Entwurf geplant. Dies ist notwendig, um nicht intakte Exemplare, die auch bei ausgereiften Technologien zu einem nicht vernachlässigbaren Prozentsatz vorkommen, auszusondern. Die zweite Testphase beinhaltet **In-Field-Tests:** Auch im Betrieb können irgendwann in der (ursprünglich korrekten) Elektronik (neue) Defekte, z.B. hervorgerufen durch Alterungsprozesse, auftreten, die zu Fehlverhalten führen können. In-Field-Tests kontrollieren „von Zeit zu Zeit" zuverlässiges, funktionsgemäßes Verhalten bzw. erlauben Diagnose und Analyse bei Abweichungen vom erwarteten Verhalten und sind damit wesentlich für die Qualitätssicherung der verwendeten Prozessor-Hardware und der korrespondierenden Applikation.

### Software-basierte Selbsttests und Formale Methoden

Für In-Field-Tests von Elektronik gibt es verschiedene Methoden. Normalerweise fährt man ein Auto regelmäßig in die Werkstatt, um dort – quasi offline – ein

Testprogramm laufen zu lassen. Das System warnt dann, wenn ein Problem festgestellt wird oder zu erwarten ist. Im Kontext von S4E wollen wir aber im laufenden Betrieb überprüfen, ob noch alles funktioniert. Als Methode verwenden wir **Software-basierte Selbsttests (SBST)** – dabei handelt es sich um eine Software, die die eigene Hardware testet. Auf dem Chip gibt es dafür im Speicher einen Bereich, in dem diese Tests als Programme abgespeichert sind. Von dort können Softwareroutinen sie jedes Mal, wenn das System pausiert, starten und auf dem System laufen lassen. Je nach System passiert das üblicherweise beim Hochfahren oder im Standby. Bei einem SBST startet der Prozessor also von sich aus ein Programm, das intern abläuft und feststellt, ob er noch richtig funktioniert.

Vom Konzept her sicher ein eleganter Ansatz! Allerdings erfordert die Generierung von SBST-Programmen bisher i.d.R. einen erheblichen manuellen Aufwand, der von einem qualifizierten Ingenieur mit detaillierten Kenntnissen über den zu testenden Prozessor zu erbringen ist. Damit ist SBST traditionell mit hohen Kosten bei der Erstellung verbunden, bietet aber bei der Durchführung z.B. den Vorteil, den Test mit prozessoreigenen Befehlen und Ressourcen in Betriebsfrequenz durchführen zu können und hierdurch sogenanntes Overtesting (= Testen von Systemzuständen, die im Feld nicht erreichbar sind) zu vermeiden. Die immer weiter steigende Zahl von eingebetteten prozessor-basierten Systemen in sicherheitskritischen Anwendungen hat die Bedeutung von SBST und die Bereitschaft auch zum industriellen Einsatz verstärkt. Andererseits sind mit steigender Zahl von Varianten in der RISC-V-Welt manuelle Ansätze auf Dauer zum Scheitern verurteilt.

An diesem Punkt kommen nun formale Methoden ins Spiel. Ziel ist hier ein geeignetes Testprogram (möglichst) automatisch zu generieren. Dazu kombinieren wir unser Knowhow aus dem Testbereich mit Ergebnissen, die z.B. im Rahmen von AVACS (s.o.) im Bereich der formalen Verifikation erzielt wurden. Constraint-basierte Modellierung von zulässigen Prozessorbefehlen und Umgebungsszenarien wird mit SAT-basierter Zustandstraversierung des zum Prozessor korrespondierenden endlichen Automaten kombiniert. Dazu wird der sogenannte „miter" konstruiert. Dabei handelt es sich um einen Schaltkreis, der den korrekten Prozessor und den Prozessor mit eingebautem Fehler vergleicht und „über die Zeit abrollt". Es entsteht ein Erfüllbarkeitsproblem, dessen Lösung eine Programmsequenz liefert, die ein unterschiedliches Verhalten zwischen korrektem Prozessor und Prozessor mit Fehler zeigt, also den Fehler „sichtbar" macht. Ist das Problem unlösbar, d.h. das Problem ist unerfüllbar für jede Abrollung, so verursacht der korrespondierende Fehler kein Fehlverhalten.

Die Generierung solcher Programme kostet u.U. viel Zeit. Es kann sein, dass ein Rechner tagelang läuft, um solch ein Programm zu generieren. Aber später, wenn es mal existiert, liegt es vor Ort in einem Speicher, und man kann es „einfach laufen lassen". Das Programm wird einen Fehler melden – und je nach Qualität sogar das Ergebnis analysieren und mitteilen, in welcher Komponente sich der Fehler vermutlich befindet. Software-basierte Selbsttests mittels der oben angedeuteten formalen Methoden sind erst durch die Technologie-Sprünge der letzten 10 Jahre und den damit einhergehenden Rechnerkapazitäten überhaupt möglich geworden. Die Zeit ist also „reif", um so etwas auszuprobieren. Wie weit wir damit kommen, ist eine spannende Frage. Unsere bisherigen Resultate zeigen, dass der Ansatz trägt und erstmals RISC-V-Testprogramme automatisiert generiert werden können: Bereits mit „einfach strukturierten, kurzen Testprogrammen" – auch die Struktur von Testprogrammen lässt sich mittels Constraints fixieren – können wir die ALU (arithmetic logic unit) eines industriellen RISC-V-Cores mit einer Fehlerabdeckung von mehr als 99% testen. Es sei nochmals betont, dass diese Programme automatisiert ohne manuelle Intervention generiert werden. Selbst für einen vollständigen Prozessor kann die Generierung durchgeführt werden, allerdings sinkt dann die Abdeckung deutlich auf etwa 60%. Abhilfe können hier sowohl Testprogramme mit weniger restriktiven Constraints schaffen, als auch die Kombination mit *Design for Test*-Maßnahmen, wie sie etwa *Rekonfigurierbare Scan-Netzwerke* (RSN) gemäß IEEE Std 1687 darstellen. Wie hier ein geeignetes möglichst automatisiertes Verfahren zur Testplangenerierung für einen gegebenen RISC-V Core aussieht, ist Gegenstand aktueller Untersuchungen.

Last but not least, möchte ich nicht unerwähnt lassen, dass ich versucht habe, die Hotz'sche Tradition der Mitarbeitermotivation durch „Ansporn und Freiheit" weiterzugeben: Die angesprochenen Projekte und Untersuchungen haben signifikant von dem Engagement meiner MitarbeiterInnen profitiert (s. auch https://www.mathgenealogy.org/id.php?id=63126 ).

**Zum Weiterlesen:**

Riefert A., Cantoro R., Sauer M., Sonza Reorda M., Becker B.: **A Flexible Framework for the Automatic Generation of SBST Programs.** IEEE Transactions on Very Large Scale Integration (VLSI) Systems, 24.10 (2016): 3055 - 3066

Psarakis M., Gizopoulos D., Sanchez E., and Sonza Reorda M.: **Microprocessor software-based self-testing.** IEEE Design and Test of Computers, pp. 4–19, 2010.

**IEEE standard for access and control of instrumentation embedded within a semiconductor device.** IEEE Std. 1687-2014, pp. 1-283, 2014.

Hennessy J.L., Patterson D.A.: **A new golden age for computer architecture.** Communications of the ACM 62.2 (2019): 48-60.

**Scale4Edge-Projektseite:** https://scale4edge.edacentrum.de

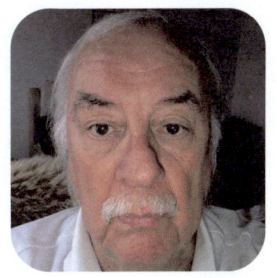

# #24 Strothmann, Rolf

Geboren 11.9.1949 in Bramsche/Hesepe. Nach dem Abitur 1968 Studium der Physik und Mathematik bis zum Vordiplom in Münster. Danach Fortsetzung des Studiums der Physik mit Nebenfach Informatik in Saarbrücken mit dem Schwerpunkt Theoretische Festkörperphysik am Lehrstuhl Prof. Siems und Diplom.

Schon während des Studiums in Münster ergab sich die Möglichkeit eines Nebenverdienstes am dortigen Universitätsrechenzentrum. Glücklicherweise fand ich unmittelbar nach dem Wechsel an die Universität des Saarlandes wieder eine Hiwi-Stelle am Rechenzentrum, die ich dann im Laufe der Zeit „ausbauen" konnte. Nach dem Abschluss des Physikstudiums war ich zunächst als wissenschaftlicher Vollzeit-Mitarbeiter und dann (bis 1982) als wissenschaftlicher Angestellter am Rechenzentrum der Universität des Saarlandes mit unterschiedlichen Aufgaben tätig. Das Tätigkeitsfeld umfasste die Betreuung von Diplomanden und Entwicklungen im Zusammenhang mit dem Aufbau und Betrieb eines neuen Rechnernetzes, das Zentralrechner, Knotenrechner und Arbeitsplatzrechner in größerer Zahl enthielt.

Die Beschäftigung mit den aufkommenden Microcontrollern und der absehbar immer höheren Integration der Schaltungen warf die Frage auf, welche Möglichkeiten und Probleme sich daraus ergeben würden. Es gab schon – zumeist sehr teure – Multiprozessorsysteme, aber es wurde deutlich, dass mit zukünftigen Microcontrollern der Preis auch für zahlenmäßig sehr große Systeme erheblich gesenkt werden könnte – sogar deren Chipintegration erschien möglich.

Es erschien interessant, zumindest gewisse Aspekte derartiger Systeme genauer zu untersuchen. Im Dialog mit Prof. Hotz entstand dann das Thema meiner Dissertation „Aspekte der Kommunikation in Systemen mit sehr vielen Prozessoren". Die Themenstellung unterschied sich nicht unerheblich von den damals üblichen Informatik-Themen und es kamen dann teilweise auch „Rechenmethoden" der Physik zur Anwendung. Grundlage der Kommunikation in verteilten Systemen ist die Nachricht und eine ganz wichtige Eigenschaft ihre Laufzeit, die von den Kommunikationswegen und deren Verfügbarkeit abhängt. Sie kann wegen der immer möglichen Fehler nicht als konstant angenommen werden.

Robuste Systeme überleben Fehler – sehr robuste Systeme überleben viele Fehler. Robustheit scheint mir aber ein vernachlässigtes Entwurfs-Ziel zu sein – die unter günstigen Bedingungen mögliche Leistung steht im Vordergrund. Und das ist angesichts der enormen Komplexität der uns umgebenden „Welt" ein sehr großes Problem.

Wo und wie die Arbeit an meiner Dissertation und die Gespräche mit Prof. Hotz mein Denken, Entscheidungen, meine Herangehensweise an Themenstellungen jeder Art und damit mein späteres Leben beeinflusst hat, kann ich nicht im Einzelnen sagen, aber dass dies mich in jeder Hinsicht positiv geprägt hat, ist sicher.

# #25 Auler, Peter

*22.5.1954 in Saarbrücken. 1972-1977 Studium der Informatik und Betriebswirtschaftslehre an der Universität des Saarlandes. Mitarbeit im Sonderforschungsbereich 100 „Elektronische Sprachforschung". 1983 Promotion bei Günter Hotz mit einem Thema aus der Rechnerarchitektur. 1982 zusammen mit Bernd Schmidt und Jan Messerschmidt (#21) Gründung der „DIaLOGIKa Gesellschaft für angewandte Informatik mbH". Geschäftsführender Gesellschafter bis zur Übergabe der Firmenleitung 2018 in jüngere Hände.

# #26 Arz, Johannes †

[13]Geboren am 24.10.1952, verstorben am 01.08.2021. Studium der Mathematik und Informatik an der Universität des Saarlandes; Abschluss Dipl.-Math. 1984 Promotion bei Günter Hotz zum Thema *Natürlichsprachliche Programmierung von Konstruktionen in einem geometrischen Modell*.

Ab 1994 war Johannes Arz am Fachbereich Informatik der Hochschule Darmstadt / University of Applied Sciences als Professor für Programmieren und künstliche Intelligenz tätig. In der Selbstverwaltung hatte er lange Zeit den Vorsitz des Prüfungsausschusses übernommen. Am Aufbau des gemeinsam mit der Universität *Conservatoire nationale des arts et métiers* in Paris betriebenen Studiengangs CNAM war er maßgeblich beteiligt. Aufsichtsratsvorsitz bei Meta-Level Software.

---

[13]) Daten wurden im Internet recherchiert.

## #27 Molitor, Paul

Geboren am 26.12.1959 in Luxemburg. 1978-1982 Studium der Informatik und Mathematik an der Universität des Saarlandes. 1986 Promotion bei Günter Hotz mit einem Dissertationsthema aus der Schaltkreistheorie. 1992 Habilitation an der Technischen Fakultät der Universität des Saarlandes. 1982-1992 Wissenschaftlicher Mitarbeiter im Sonderforschungsbereich 124 „VLSI-Entwurfsmethoden und Parallelität" an der Universität des Saarlandes. 1993 Professor für Schaltungstechnik an der Humboldt-Universität zu Berlin. Seit 1994 Professor für Technische Informatik an der Martin-Luther-Universität Halle-Wittenberg (MLU) und Gründungsdirektor des Instituts für Informatik der MLU.

**Wie ich zu meinen ‚Geistern' kam**

Beschäftigt als wissenschaftlicher Mitarbeiter im Sonderforschungsbereich 124 „VLSI-Entwurf und Parallelität" wurde ich 1989 von Jan Messerschmidt (#21), der auf dem Flur von Günter Hotz im Zimmer quer gegenüber saß, gebeten, in der iX vom Heise-Verlag ein kurzes Review zu Comskee zu schreiben. Ich tat ihm den Gefallen und hakte nach getaner Arbeit das Thema Informatik für Geisteswissenschaftler:innen für mich ab. Dachte ich jedenfalls! War auch für etwa 20 Jahre so, in denen ich mich wohldefinierten Problemen gewidmet habe, wie die der formalen Verifikation integrierter Schaltungen oder des Handelsreisenden. Und dann wurde meine Arbeitsgruppe irgendwann von Philolog:innen angesprochen, ob wir sie bei einem ihrer Projekte von informationstechnologischer Seite unterstützen könnten.

Und wie das im Leben so ist, man reicht den kleinen Finger und sie nehmen die ganze Hand.

Begonnen hat es recht harmlos mit der Digitalisierung des mittelelbischen Wörterbuchs[14], eines auf den Germanisten Dr. Karl Bischoff (1905-1982) zurückzuführenden Einmannwörterbuch, das nach der Wende in das Arbeitsprogramm der Sächsischen Akademie der Wissenschaften zu Leipzig aufgenommen worden

---

[14]) https://www.uni-halle.de/uzi/arbeitskreise/e2/projekte/mittelelbisches-woerterbuch/

ist. Die Zusammenarbeit mit dem Germanistischen Institut der Martin-Luther-Universität ergab sich eher zufällig, über private Interessen meines Postdocs Jörg Ritter, der in seiner Freizeit an dem Editionsprojekt Karl Gutzkow (1811-1878)[15] als Informatiker mitarbeitete. By the way, Jörg Ritter hat an der Universität des Saarlandes Informatik studiert und seine Diplomarbeit bei Günter Hotz geschrieben, bevor ich ihn in das *damals* nicht wirklich hübsche Halle an der Saale locken konnte. Er ist ein Doktorenkel von Günter Hotz.

Das Schicksal wollte, dass das BMBF (Bundesministerium für Bildung und Forschung) zusammen mit der Initiative *Wissenschaft im Dialog* 2007 das Jahr der Geisteswissenschaften ausrichtete und in der Folge 2011 ein Förderprogramm für Forschungs- und Entwicklungsvorhaben aus dem Bereich der eHumanities[16] auflegte, in dem geisteswissenschaftliche Fragestellungen bearbeitet werden sollten, aber mindestens ein Drittel der jeweiligen Fördersumme an die Informatik gehen musste. Erfreulicherweise waren wir mit zwei Anträgen erfolgreich: dem von 2012 bis 2015 geförderten Projekt „SaDA – Semi-automatische Differenzanalyse komplexer Textvarianten"[17] mit Kooperationspartner:innen aus dem Germanistischen Institut (Prof. Dr. Hans-Joachim Solms) und dem Institut für Romanistik (Prof. Dr. Thomas Bremer) der Martin-Luther-Universität sowie dem von 2013 bis 2016 geförderten Projekt „Vernetzte Korrespondenzen. Erforschung und Visualisierung sozialer, zeitlicher und thematischer Netze in Briefkorpora"[18] zusammen mit dem Trierer Kompetenzzentrum für elektronische Erschließungs- und Publikationsverfahren in den Geisteswissenschaften (Dr. Thomas Burch (#41), Dr. Vera Hildenbrandt, Prof. Dr. Claudine Moulin) und dem Deutschen Literaturarchiv Marbach (Dr. Roland S. Kamzelak) als Kooperationspartner.

Es folgten das durch die Deutsche Forschungsgemeinschaft (DFG) von 2013 bis 2016 geförderte Projekt „Kumulatives Nachtragswörterbuch des Sanskrit"[19] zusammen mit dem Seminar für Indologie der Martin-Luther-Universität (Prof. Dr. Walter Slaje) und dem Seminar für Indologie und Tibetologie der Universität Marburg (Prof. Dr. Jürgen Hanneder), das durch die VolkswagenStiftung von 2016 bis 2019 geförderte Projekt „Digital Plato: Tradition and Reception"[20] zusammen mit dem Historischen Seminar (Prof. Dr. Charlotte Schubert) und dem Institut für Klassische Philologie und Komparatistik (Prof. Dr. Kurt Sier) der Universität Leipzig und dem Institut für Germanistik der TU Dresden (Prof. Dr. Joachim

---

[15]) https://projects.exeter.ac.uk/gutzkow/Gutzneu/edition/index.htm
[16]) Die eHumanities verstehen sich laut Bekanntmachung des Förderprogramms durch das BMBF (siehe `https://www.bmbf.de/foerderungen/bekanntmachung-643.html`) als *Summe aller informationstechnologischer Ansätze, die durch die Erforschung, Entwicklung und Anwendung moderner Informationstechnologien die Arbeit in den Geisteswissenschaften erleichtern oder verbessern wollen.*
[17]) https://sada.uzi.uni-halle.de
[18]) http://exilnetz33.de/de/verbundpartner/
[19]) https://nws.uzi.uni-halle.de/
[20]) https://digital-plato.org/

Scharloth), das durch die DFG von 2019 bis 2022 geförderte Projekt „Synoptische Edition des kabbalistischen Traktats Keter Shem Tov"[21] zusammen mit dem Seminar für Judaistik / Jüdische Studien der Martin-Luther-Universität (apl. Prof. Dr. Gerold Necker) und das durch das BMBF von 2021 bis 2024 geförderte Projekt „Exzerpte. Zur digitalen Erschließung und Edition einer besonderen Text-Bild-Konstellation – am Beispiel Johann Joachim Winckelmanns (1717-1768)"[22] mit dem Interdisziplinären Zentrum für die Erforschung der Europäischen Aufklärung der Universität Halle (Prof. Dr. Elisabeth Décultot) und dem Institut für Sprach- und Literaturwissenschaft der TU Darmstadt (Prof. Dr. Andreas Rapp).

**Einfluss der ‚Geister' auf unsere Arbeit**

Sehr ungewohnt für uns war der Grad der Unbestimmtheit, mit der man es im Rahmen geisteswissenschaftlicher Fragestellungen in der Regel zu tun hat. Da gibt es selten *die* Antwort. In dem Digital Plato-Projekt beispielsweise ging es darum, Textstellen in der antiken griechischen Literatur zu finden, in dem Platon paraphrasiert wird. Paraphrasen sind hierbei nicht nur wörtliche Zitate – die wären einfach zu finden –, sondern auch Anspielungen, die eine vollständige andere Wortoberfläche als der Orginal(teil)satz haben. Ob ein Satz eine Paraphrase eines anderen Satzes ist, wird in der Regel unter den Fachwissenschaftler:innen jeweils heiß diskutiert. Schlussendlich entscheidet der/die einzelne Fachwissenschaftler:in für sich, ob oder ob nicht. Das heißt für uns Informatiker:innen, dass wir den Fachwissenschaftler:innen nur Vorschläge machen können (und sollten), was gute Kandidaten für eine Paraphrase eines gegebenen Satzes von Platon sein könnten. Ganz wie es Google macht, nur eben ohne Werbung.

Das Folgende sollte an sich eine Selbstverständlichkeit sein, wenn wir Software für Dritte schreiben – aber dennoch: wir sprechen unterschiedliche Sprachen und haben sehr unterschiedliche Arbeitsweisen in unseren Fachdisziplinen! Es bedarf vieler Gespräche, um aus Informatiksicht die geisteswissenschaftliche Fragestellung zu verstehen und dann gemeinsam herauszuarbeiten, welche IT-Unterstützung für das Projekt sinnvoll und machbar ist. Kann man die Geisteswissenschaftler:innen von „stupider" Arbeit entlasten? Kann man sie bei ihrer Arbeit anderswie unterstützen, zum Beispiel bei der Annotierung von Texten, indem die digitale Arbeitsumgebung ihnen jeweils die wahrscheinlichsten zwei, drei Vorschläge macht, von denen dann gegebenenfalls einer durch einen einfachen Maus-Klick bestätigt werden kann, sodass bei in der Regel zutreffenden Vorschlägen[23] sich die Arbeitseffektivität stark erhöht. Sehr lehrreich ist, wenn man,

---

[21]) https://kabbaleditions.org/
[22]) https://exzerpte.uzi.uni-halle.de/
[23]) Das Übliche ist wahrscheinlicher als das Seltene. Dies gilt in der Textanalyse genauso wie in der Medizin. Jede:r Mediziner:in kennt die Redewendung „Wenn Du Hufgetrappel hörst, dann

wie uns bei einem unserer ersten Projekte geschehen, von dem/der Kooperationspartner:in gesagt bekommt *„Schönes Werkzeug! Aber so arbeiten wir nicht!"*

Ähnlich verhält es sich mit der digitalen Präsentation der geisteswissenschaftlichen Ergebnisse. Wie kann man diese Dritten so zugänglich machen, dass sie zu einem explorativen Durchforsten der Ergebnisse angeregt werden mit dem Ziel, vielleicht eigene Fragestellungen beantworten zu können oder neue Fragestellungen zu finden? Zentral sind hier insbesondere die Visualisierung geisteswissenschaftlicher Ergebnisse, die Benutzerfreundlichkeit des angebotenen Portals und die Suchfunktionalitäten, die das Portal bietet. Die beiden letztgenannten Punkte sind leider zueinander konkurrierende Zielstellungen. Eines unserer Projekte ist genau an diesem Trade-Off gescheitert.

Es hilft sehr, wenn man ein gewisses Portfolio von bereits in anderen, ähnlich gelagerten Projekten erfolgreich eingesetzten Werkzeugen in der Hinterhand hat. Mit diesen kann man zeigen, was auf jeden Fall machbar ist. Viele Projektpartner:innen sagen spontan, dass das genau das ist, was sie für ihr Projekt benötigen. Das stimmt zwar bei einer genaueren Betrachtung in den allermeisten Fällen nicht, aber es ist eine Diskussionsbasis, auf die es sich aufbauen lässt.

Und einige wenige Male passt das vorhandene Werkzeug wirklich schon sehr gut, so wie bei uns des Öfteren das LERA-Werkzeug[24] zum Vergleich von Textzeugen[25] eines Manuskriptes oder Varianten eines Buches auf Wortoberfläche. Entwickelt für den Vergleich der vier Ausgaben der *Histoire philosophique et politique des établissements et du commerce des Européens dans des deux Indes* von Guillaume Thomas François Raynal (1713-1796), wurde es bzw. wird es heute eingesetzt bei der Erstellung der *Edinburgh Edition of the Works of Arthur Conan Doyle* (1859-1930), im Rahmen der an der FU Berlin durchgeführten Studien der arabischen Manuskripte von Kalila wa-Dimna[26] (ein Buch der Weisheit in Form von Fabeln) aus dem 8. Jahrhundert sowie bei der Erstellung der kritischen Edition *Hannah Arendt. Kritische Gesamtausgabe*[27], die im Rahmen eines DFG-Langzeitprojektes an der FU Berlin erfolgt. Ein etwas kleineres Projekt war das an dem Forschungszentrum der Slowenischen Akademie der Wissenschaften und Künste durchgeführte Projekt *The bases of Slovenian narrative prose: A two-century tradition of Slovenian narrative prose from the mid-seventeenth to mid-nineteenth century*[28]. Für die unterschiedlichen Sprachen stehen sprachabhängige Regeln zur Normierung, sofern überhaupt eine Normierung vorgenommen werden soll, zur Verfügung.

---

denke an Pferde und nicht an Zebras", die deutlich machen soll, dass häufige Krankheiten wahrscheinlicher sind als seltene.

[24]) https://lera.uzi.uni-halle.de

[25]) Bezeichnung für Manuskripte oder andere Textträger, die nicht das Original des Autors sind, sondern dieses nur „bezeugen" (vgl. https://edlex.de/index.php?title=Textzeuge).

[26]) https://www.geschkult.fu-berlin.de/en/e/kalila-wa-dimna/

[27]) https://www.arendteditionprojekt.de/

[28]) https://ispp.zrc-sazu.si/izdaje-srece-v-nesreci/

Last but not least, ich habe viele neue Kolleg:innen aus den philosophischen Fakultäten der MLU und darüber hinaus kennen und schätzen gelernt. Sie haben mich in ihre Forschungsgebiete mitgenommen. Ich durfte lernen, mit welchen Methoden sie ihre Forschungsfragen angehen. Ich habe Bücher gelesen, die vorher nicht auf meiner Agenda standen und die ich nie gelesen hätte, wären nicht die an uns herangetragenen geisteswissenschaftlichen Fragestellungen gewesen. Um ein besseres Verständnis für diese zu entwickeln, haben wir uns in einige der Texte aus den den Projekten zu Grunde liegenden Korpora eingearbeitet. Problematisch war hierbei nur, unserer Universitätsbibliothek zu erklären, was beispielsweise die 1774er Ausgabe der *Histoire Philosophique des deux Indes* von Abbé Raynal in der Zweigbibliothek des Instituts für Informatik zu suchen hat.

**Ausgewählte eigene Publikationen zum Thema**

T. K. H. Luu, M. Pöckelmann, J. Ritter, and P. Molitor. Applying LERA for collating witnesses of The Tale of Kiêu, a Vietnamese poem written in Nôm script. Digital Humanities 2022 (DH2022), 25-29 July 2022, Tokyo, Japan.

J. Dähne, M. Pöckelmann, J. Ritter, and P. Molitor. Putting collation of text witnesses on a formal basis. In: Digital Scholarship in the Humanities. Oxford University Press 2021. DOI: 10.1093/llc/fqab058

P. Molitor and J. Ritter (Eds.). Digital Tools for Intertextuality Studies. Special issue of it – Information Technology, Volume 62, Issue 2, de Gruyter, Oldenbourg Wissenschaftsverlag, 2020. DOI: 10.1515/itit-2020-0006

C. Schubert, P. Molitor, J. Ritter, J. Scharloth und K. Sier (Herausgeber): Platon Digital. Tradition und Rezeption. Digital Classics Books 3. 361 Seiten. Propylaeum Fachinformationsdienst Altertumswissenschaften. Universitätsbibliothek Heidelberg 2019. https://doi.org/10.11588/propylaeum.451.

T. Bremer, P. Molitor, M. Pöckelmann, J. Ritter, S. Schütz. Zum Einsatz digitaler Methoden bei der Erstellung und Nutzung genetischer Editionen gedruckter Texte mit verschiedenen Fassungen – Das Fallbeispiel der Histoire philosophique des deux Indes von Guillaume Thomas Raynal. In: Editio, Internationales Jahrbuch für Editionswissenschaften, Band 29, Heft 1, S. 29-51, de Gruyter, 2015. DOI: 10.1515/editio-2015-004

M. Pöckelmann, A. Medek, P. Molitor, and J. Ritter. CATview - Supporting The Investigation Of Text Genesis Of Large Manuscripts By An Overall Interactive Visualization Tool. Digital Humanities, DH2015, Sydney, Australia, 29.6.-3.7.2015.

A. Medek, J. Ritter, P. Molitor, and S. Koesser. Interactive Similarity Analysis of Early New High German Text Variants. Digital Humanities, DH2015, Sydney, Australia, 29.6.-3.7.2015.

V. Hildenbrandt, R.S. Kamzelak, P. Molitor, und J. Ritter. "im Zentrum eines Netzes [...] geistiger Fäden". Erschließung und Erforschung thematischer Zusammenhänge in heterogenen Briefkorpora. In "Informationsmanagement für Digital Humanities", Hrsg. G. Heyer und A. Henrich. Datenbank-Spektrum, 15(1):49-55, Springer Verlag, 2015. DOI: 10.1007/s13222-014-0177-7

A. Medek, M. Pöckelmann, T. Bremer, H.-J. Solms, P. Molitor und J. Ritter. Differenzanalyse komplexer Textvarianten - Diskussion und Werkzeuge. In "Informationsmanagement für Digital Humanities", Hrsg. G. Heyer und A. Henrich. Datenbank-Spektrum, 15(1):25-31, Springer Verlag, 2015. DOI: 10.1007/s13222-014-0173-y

M. Andert, F. Berger, J. Ritter, and P. Molitor. Optimized platform for capturing metadata of historical correspondences. Literary and Linguistic Computing 2014. DOI: 10.1093/llc/fqu027

## #28 Kolla, Reiner

Jahrgang 1957. 1978-1982 Studium der Informatik und Elektrotechnik an der Universität des Saarlandes. 1982-1990 wissenschaftlicher Mitarbeiter am Lehrstuhl von Günter Hotz, 1987 Promotion und 1991 Habilitation. 1990-1993 Professur für technische Informatik an der Universität Bonn, dann von 1993 bis heute Inhaber des Lehrstuhls für Informatik V an der Universität Würzburg.

Ich bin, nun kurz vor dem Ruhestand stehend, ein gutes Stück Weg durch die Informatik gegangen: vom rechnergestützten Entwurf integrierter Schaltkreise, woher ich von Saarbrücken kommend kam, über Themen aus der Rechnerarchitektur bis hin zu drahtlosen Sensornetzen und eingebetteten Systemen. Meine Zeit in Saarbrücken war fruchtbar und spannend, das Umfeld auch dank starker Doktorgeschwister sehr inspirierend. Erst jetzt, da ich selbst einen langen Weg als Hochschullehrer gegangen bin, weiß ich die Leistung meines Doktorvaters im vollen Umfang zu schätzen und bin ihm dafür sehr dankbar.

## #29 Kretschmer, Thomas

Geboren 1959 in Görlitz. 1978-1983 Studium der Mathematik und Informatik an der Universität des Saarlandes, Stipendiat der deutschen Studienstiftung. 1983 Diplom in Mathematik mit dem Thema „Konstruktion elliptischer Kurven von hohem Rang". 1987 Promotion bei Günter Hotz mit dem Thema „Grammatikalgebren". 1983-1989 Wissenschaftlicher Mitarbeiter im Sonderforschungsbereich 100 „Elektronische Sprachforschung" Teilprojekt E (Entwicklung der Programmiersprache für linguistische Anwendungen COMSKEE) an der Universität des Saarlandes. 1989-1990 Bereichsleiter für portable Bankensoftware bei Fernbach-Software in Luxembourg. 1990-1991 Projektleiter am Institut für Umweltinformatik an der Fachhochschule des Saarlandes (heute htw saar). 1992 Mitgründer der abraxas Softwareentwicklungsgesellschaft mbH in Saarbrücken, einem Anbieter von Softwarelösungen für Banken und Finanzdienstleister. Seit 1992 Professor an der Hochschule für Technik und Wirtschaft des Saarlandes, aktuell mit den Lehrgebieten theoretische Informatik und Webentwicklung, davor u.a. Systemprogrammierung, Neuronale Netze, Datenbanken. 1995-2021 Vorsitzender des Prüfungsausschusses für die Studiengänge der praktischen Informatik. Mitglied in Auswahlkommissionen der deutschen Studienstiftung. Mitglied im Wissenschaftlichen Beirat der DIaLOGIKa GmbH in Saarbrücken.

## #30 Schmitt, Franz Josef

[29]Diplom bei Günter Hotz mit dem Thema *Rechtwinklige Verdrahtung optimaler Layouts* im Rahmen des SFB 125 VLSI-Entwurfsmethoden und Parallelität. 1988 Promotion mit dem Thema *Synthese- und Analyseprobleme beim rechnergestützten Entwurf von VLSl-Schaltungen* bei Günter Hotz. Ab 1990 Professur für Rechnertechnik, Systemprogrammierung und Compilerbau im FB Informatik der FH Augsburg.

Autor der Bücher *Embedded-Control-Architekturen: Design für Embedded-Performance* und *Praxis des Compilerbaus*.

Aktuell: Professor an der Technischen Hochschule Rosenheim; dort u.a. Mitglied des DV-Koordinierungsausschusses

Weitere Informationen zu Franz Josef Schmitt liegen leider nicht vor.

---

[29]) Daten wurden im Internet recherchiert

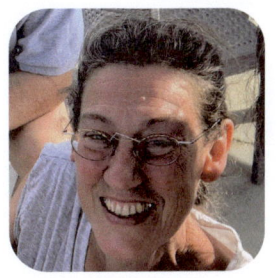

## #31 Becker, Ursula

Geboren am 15.02.1959 in Saarbrücken. 1978-1983 Studium der Informatik und Mathematik an der Universität des Saarlandes. 1989 Promotion bei Günter Hotz mit einem Dissertationsthema aus der Graphentheorie. Ab 1990 Kinderpause, aufgelockert durch freie Mitarbeit bei der Firma DIaLOGIKa in Saarbrücken-Dudweiler. 1996-1997 Lehrauftrag an der Berufsakademie Lörrach, heute DHBW Lörrach. Seit Anfang 1998 tätig für die Haufe Gruppe in Freiburg bei der Konzeption und Erstellung von Fachinformations-Produkten.

## #32 Marzinkewitsch, Reiner

Persönliche Daten: Geboren 1961 in Duisburg, Schulausbildung in Mülheim/Ruhr und Saarbrücken, Studium der Informatik ab 1981 in Saarbrücken, Promotion 1990.

Ich habe 6 Kinder im Alter von 17 bis 37 Jahren, eine Enkelin und zwei Enkel. Seit einigen Jahren wohne ich in Grünwald südlich von München.

Neben Familie und Beruf betreibe ich mehrere Hobbies, je nach Jahreszeit unterschiedlich intensiv: Gemäßigte Wanderungen in den bayrischen Bergen – meine Höhenangst hält mich von gewagteren Touren ab – sowie Radfahren durch die wunderschöne Landschaft und freundlichen Orte südlich von München. Ich bin ein leidenschaftlicher Fahrtensegler auf der Ostsee und vor allem im Herbst und im Sommer natürlich auch auf dem Starnberger See, der ein unfassbar schönes Badegewässer ist. Segeln ist für mich ein Gleichnis auf das Leben. Nebenbei habe ich mich der Holzbearbeitung und der Metallbearbeitung verschrieben: Ich baue einfache Möbel aus Holz, das ich vom Sägewerk beziehe, selbst zurichte und von Hand bearbeite. Außerdem übe mich in der Kunst des Schweißens.

Seit ich im letzten Jahr einen 57 Jahre alten schweren LKW gekauft habe, halten auch engere Bekannte mich für verschroben.

Ich habe Informatik in einer Zeit studiert, als das Interesse für Computer und deren Programmierung vor allem Jungs umtrieb. Und ich habe lange Abende mit dem Löten von Schaltungen oder dem Herumbasteln an Programmen zugebracht.

So bin ich von meiner Ausrichtung her wohl eher eine Mischung zwischen Handwerker und Ingenieur und nicht in erster Linie ein Wissenschaftler. Bis heute bin ich erstaunt, dass Herr Hotz mich eines Tages als Diplomand an seinen Lehrstuhl rekrutierte. Nach meinem aus meiner Sicht nicht aufsehenerregenden Vortrag in seinem Seminar überholte er mich auf die für ihn typische Art im Treppenhaus und lud mich zu einem Gespräch über meine Diplomarbeit vor. So bin ich an Herrn Hotz' Lehrstuhl gekommen und dort 6 Jahre bis zur Promotion geblieben. Neben der Diplomarbeit und der Arbeit an der Dissertation habe ich die üblichen geliebten und weniger geliebten Arbeiten an Herrn Hotz' Lehrstuhl übernommen.

Ich bin sehr froh, die Gelegenheit zu haben, durch diesen kleinen Artikel Herrn Hotz meinen sehr herzlichen Dank für das auszudrücken, was ich an seinem Lehrstuhl und von seinem Vorbild lernen durfte.

Mir ist die zugewandte, fürsorgliche und faire Art, in der Herr Hotz seine Studenten und Mitarbeiter behandelt hat, bis heute Vorbild und Ansporn. Sein Interesse am Wesen der Dinge, seine Verwegenheit und ermutigende Zuversicht in der Suche nach Erkenntnis und der Mut zum Beschreiten unkonventioneller Wege sind in meinen Augen wichtige Gründe für seinen großen Erfolg als Wissenschaftler und Wissenschaftsmanager. Im Gegensatz zu der heutzutage nach der Bolognareform sehr fokussierten und praxisorientierten Ausbildung hatten wir das Privileg eine eher grundsätzliche, fast enzyklopädisch angelegte Ausbildung zu genießen, die meiner Meinung nach in erster Linie auf eine universitäre Karriere abzielte. Ich bin ein klarer Verfechter dieser eher breit angelegten Ausbildung, muss aber gestehen, dass ich persönlich nach meinem Abschied vom Lehrstuhl Hotz – ich war im Jahr 1991 nach Vorlesungen in Saarbrücken und Tübingen zur Einsicht gelangt, dass der universitäre Dreiklang von Forschung, Lehre und Publikation mich überforderte – einige Stationen mehr als landläufig üblich brauchte, um meinen Platz in der Industrie zu finden.

Auf allen Stationen meines beruflichen Werdegangs hatte ich das große Privileg, äußerst fähige Kollegen an meiner Seite zu haben, die mir ihr Wissen weitergaben und mich so voranbrachten.

Drei Jahre lang habe ich im Unternehmen meines Vaters Stahlwerkanlagen, die in Europa stillgelegt wurden, für den Einsatz in Asien umgerüstet. Hierbei hatte ich die Gelegenheit aber vor allem die große Herausforderung, mit Eignern, Topmanagern, Konzernjuristen und Technikern zu verhandeln und sowohl einzelne Maschinen als auch ganze Anlagen zu verstehen und an ihrer Konzeption mitzuwirken. Es gab eine Zeit, als ich die Antriebsleistung von Walzenzugmotoren eines kompletten Drahtwalzwerkes aus der vorgegeben Umformungsaufgabe berechnen konnte und mich für das Donnern eines Lichtbogenofens zur Stahlgewinnung begeisterte.

Die Asienkrise brachte diese Art des Geschäftes zum Erliegen und ich danke Nicola Truxa und Roman Jansen-Winkeln, die mich bei InnoP Innovative Publikationen als Projektleiter aufnahmen und mich so wieder in der IT-Industrie erdeten. Ich habe bei ihnen gelernt, wie ein effizient geführtes, teamorientiertes IT-Unternehmen funktioniert und denke heute noch gerne an mein tüchtiges und liebes saarländisches Entwicklerteam zurück.

Über eine Zwischenstation, die nicht erzählenswert ist, gelangte ich in den Sog der amerikanischen IT-Industrie. Bei BEA Systems erlebte ich eine unglaubliche Zeit, in der ich die Kunst erlernte, verteilte Hochlastsysteme auf der Basis von legendären Middlewareprodukten wie BEA WebLogic und BEA Tuxedo zu bauen, und in der ich mit Peter Dessart einen Weltklassearchitekten als Mentor zur Seite hatte. Im Nachhinein erscheint mir die Kombination aus der Arbeit im internationalen Team für internationale Kunden, die regelmäßigen Besuche in Kalifornien und der Verdienst, der durch die Jahr-2000-Problematik und Dotcom-Blase und den hierdurch explodierten Firmenwert märchenhafte

Größenordnungen annahm, als ein ferner, sonniger Traum in einer friedlichen Zeit. Für dieses Geld wurde auch einiges an Leistung aufgerufen: Ich habe noch die besonders herausfordernden Proof of Concept Einsätze in lebhafter Erinnerung.

Als Mitarbeiter eines amerikanischen Produktherstellers arbeitete ich letzten Endes vertriebsorientiert. Unsere Kunden interessierten sich allerdings in erster Linie für die Lösung ihrer Anforderungen, so dass sich eine gewisse Diskrepanz zwischen Angebot und Bedarf ergab. Aus dieser Erkenntnis heraus gründete ich gemeinsam mit meiner Kollegin Marina Grigorian 2001 die Firma MGR Integration Solutions www.mgr-is.de als Spin-off von E-Plus Mobilfunk, die wir seit nun über 20 Jahren gemeinsam als Geschäftsführer/in leiten. Das Unternehmen besteht heute aus etwas mehr als 60 Kollegen in 3 Ländergesellschaften, erwirtschaftet einen Jahresumsatz von etwas mehr als 10 Mio. Euro und leistet genau das, was der Name vorgibt: Integration im Lösungsgeschäft. Unser größter Kunde ist die DB Netz AG, d.h. der Infrastrukturbetreiber der Deutschen Bahn. Für sie entwerfen, bauen, betreiben und prüfen wir Systeme der Leittechnik, d.h. die Systeme, mit denen der Eisenbahnverkehr in Deutschland koordiniert und optimiert wird. Mit dem Zugstandortsystem haben wir vor 3 Jahren ein Hochlast-Echtzeitsystem neu gebaut und in Betrieb genommen, das für das Funktionieren des Eisenbahnbetriebs in Deutschland essentiell ist und das den Startschuss für die Erneuerung der Leittechnik der DB Netz AG darstellte.

**Integration ist inhärent komplex**

Integrationsprojekte sind in mehrfacher Hinsicht komplex. Technisch müssen unterschiedliche Transporte und Datenformate miteinander verknüpft werden. Fachlich sind unterschiedliche Domänen, Modelle und Zustandsräume zu vereinen. Organisatorisch und politisch sind unterschiedliche Abteilungen, Projektteams oder gar Unternehmen und deren unterschiedliche Interessen unter einen Hut zu bringen. Diese Komplexität muss ständig bedacht und durch geeignete technische, designtechnische und organisatorische Maßnahmen beherrscht werden.

**Ein Schnellkurs in Integrationsarchitektur**

Es gibt ein paar grundlegende Designhandgriffe, die helfen, diese Komplexität zu reduzieren: Integrationsarchitekturen sind modular aufgebaut. Einschlägige Komponenten sind fachliche Prozesse, Adapter und Infrastrukturkomponenten, die in der Regel als Bestandteile kommerzieller Plattformen hinzugekauft werden. Diese Komponenten sind durch Serviceschnittstellen entkoppelt, so dass einzelne Module modifiziert und im schlimmsten Fall ausgetauscht werden können. Der Schaden – sogar im Fall eines kompletten Fehldesigns – und der damit verbundenen Neuentwicklung einer Komponente lassen sich so auf ca. 100kEuro limitieren.

Adapter schaffen einerseits den technischen Zugang zu den zu integrierenden Systemen, abstrahieren aber auch von deren Spezifika und schaffen so einen Satz von abstrakten fachlichen Services, auf denen die Geschäftsprozesse systemübergreifend operieren können. Geschäftsprozesse können so auf die systemübergreifende Fachlichkeit reduziert werden und stellen die fachlichen Abläufe klarer heraus. Adapter fokussieren sich auf die Systemspezifika eines einzigen Systems und blenden systemübergreifende Aspekte aus. In dieses Schema aus systemübergreifenden „horizontalen" und systemspezifischen „vertikalen" Komponenten werden alle Funktionen eingeordnet. Sachbearbeiteroberflächen zur Behandlung fachlicher Fehler greifen an den horizontalen Komponenten (Geschäftsprozessen) an. Die in der Regel automatische Behandlung technischer Fehler, Datenmappings von fachlichen Datenformaten auf systemspezifische Datenformate etc. werden in den vertikalen Komponenten angesiedelt.

Die beschriebene Aufteilung der Zuständigkeiten ist eigentlich trivial und wird trotzdem häufig missachtet. Dies gilt auch für die Organisation von Projektteams: Jede Rolle hat ihren Arbeitsbereich entweder als Generalist, der sich auf der abstrakten, systemübergreifenden Ebene bewegt, oder als Spezialist, der sich auf ein oder wenige Systeme beschränkt, diese dafür aber im Detail kennt.

Diese Beschränkung erfordert die Disziplin, die gegenseitige Abhängigkeit zu akzeptieren und der Leistung der Kollegen zu vertrauen.

Ein Indiz für schlecht gemachte Integrationsarchitekturen ist die Notwendigkeit von Universalspezialisten, die die IT-Systemlandschaft in ihrer gesamten Breite und ihrer gesamten Tiefe verstehen und beherrschen. Solche Spezialisten sind nur schwer systematisch auszubilden: In der Regel bedarf es langer Jahre und vermutlich des Mitwirkens am Aufbau einer Systemlandschaft von ihren Anfängen an, um solch umfangreiche Kenntnisse zu erwerben. Weiterhin ist eine gewisse geistige Kapazität nötig, um das Weltwissen einer Systemlandschaft überhaupt aufnehmen zu können. Ein Verlust solcher Koryphäen trifft das Unternehmen entsprechend schwer.

In der arbeitsteiligen Welt lassen sich neue Kollegen problemlos einarbeiten, nach einem halben bis einem Jahr bewegen sie sich selbständig. Fluktuation wird möglich und bereichert das Ökosystem durch frisches Blut und frische Ideen.

Manchmal hat mich der Verdacht beschlichen, dass ein ein mit mittelmäßiger Intelligenz begabter Integrationsarchitekt die beste Garantie gegen die Missachtung des Prinzips der Trennung der Verantwortlichkeiten ist. Wer sich nicht viel merken kann, gerät nicht in Gefahr, alles in der Breite und der Höhe verstehen zu wollen.

## Integration ist das Herz der Digitalisierung

Es ist nicht auf den ersten Blick ersichtlich, dass Integration und Digitalisierung eng verwandt sind.

Integration – aus informationstechnischer Sicht – ist das Bemühen, Systeme, Systemlandschaften oder gar ganze Ökosysteme so zu öffnen und zu ertüchtigen, dass automatisierte Geschäftsprozesse auf ihnen lauffähig sind.

Dieses Bemühen betreibt die Industrie seit über 30 Jahren unter verschiedenen Buzzwords, die den Fokus der Bemühungen jeweils auf einen anderen, dem jeweiligen Erkenntnisstand von Forschung und Best Practices entsprechenden Aspekt legen (z.B. Object Request Broker, Enterprise Application Integration EAI, Service Oriented Architecture SOA, API Management, Micro Service Architecture).

Begreift man Digitalisierung als die Automatisierung von unternehmensinternen und unternehmensübergreifenden (B2B) Geschäftsprozessen sowie die Beteiligung der Endkunden an der Bedienung der Geschäftsprozesse (Selfservice), so liegt auf der Hand, dass bereits die Bereitstellung der hierzu nötigen Schnittstellen eine Integrationsaufgabe ist. Darüber hinaus muss die Systemlandschaft, die hinter diesen Schnittstellen steht, in der Lage sein, die benötigten Daten und Funktionen in guter Qualität und ausreichendem Service Level zur Verfügung zu stellen. Ohne gut integrierte Systemlandschaft findet also keine Digitalisierung statt. Anders ausgedrückt: Schnittstellen auf einer schlecht integrierten Systemlandschaft zu bauen, reicht für die Digitalisierung der Geschäftsprozesse nicht aus. Anhand des Verhaltens der Schnittstellen (z.B. im Hinblick auf Datenqualität, Zuverlässigkeit, Bedienbarkeit) lassen sich Rückschlüsse auf die Qualität der dahinterliegenden Systemlandschaft ziehen. Integration ist die wesentliche Hausaufgabe, die für gelungene Digitalisierung zu lösen ist.

## Spielarten von Integration

Ist die Öffnung und Ertüchtigung von Systemen und Systemlandschaften die Generaldisziplin von Integration, so sind hierfür Unterdisziplinen nötig, die dieser Generaldisziplin dienen:

- Datenströme, die aus unterschiedlichen Systemen fließen, müssen zu höherwertigen Datenströmen kombiniert werden.
- Unzusammenhängende Teilprozesse müssen zu Ende-zu-Ende-Prozessen zusammengefasst werden.
- Hierzu müssen Medienbrüche behoben werden und insbesondere analoge Formate und Schnittstellen in digitale überführt werden.

- Ein zunächst überraschender Aspekt ist die zeitliche Dimension von Integration: Da die Optimierung der IT-Systemlandschaft ein nie endender, fortwährender Prozess ist, sind unterschiedliche Schritte dieses Optimierungsprozesses miteinander zu integrieren. Mit dem Neubau des dispositiven Zugstandortsystems haben DB Netz AG und MGR Integration Solutions diesen Weg beschritten: Der Neubau funktioniert in der alten Welt und läutet gleichzeitig den Umbruch in die neue Welt ein, da er auch deren Schnittstellen bereitstellt. So war die Inbetriebnahme dieses wichtigen Systems vor 3 Jahren der Schlüssel für die Öffnung der Zukunft.

- Etwas weniger spektakulär aber durchaus ebenfalls vital ist die Auskopplung von Livedaten aus der produktiven Ist-Landschaft der IT-Systeme zur Einspeisung und Versorgung der Testanlagen der Ziellandschaft.

**Von der Schwierigkeit, erfolgreiche Altanwendungen zu renovieren**

Ausgehend von erfolgreichen Bestandsystemen und unterstützt durch das Wissen und die Erfahrung der Mitarbeiter, die diese Systeme im täglichen Gebrauch haben, sollte es eine leichte Übung sein, diese bewährten Systeme durch noch bessere und vor allem technisch und sicherheitstechnisch aktuelle Systeme zu ersetzen.

Die Realität zeigt jedoch ein anderes Bild.

Systeme, die z.B. vor mehr als 15 Jahren in Betrieb genommen wurden und seitdem erfolgreich betrieben wurden, haben über die Jahre eine erhebliche fachliche Komplexität absorbiert, die nicht immer ausreichend dokumentiert wurde. Die Systeme sind in unternehmenskritische, komplexe und manchmal über die Jahre gewachsene Schnittstellenlandschaften integriert, die nicht eins zu eins nachgebaut werden können.

Das Personal, das die Bestandsysteme entworfen, gebaut und in Betrieb gesetzt hat, wurde inzwischen anderen Aufgaben zugeordnet oder hat den wohlverdienten Ruhestand erreicht. Erfahrungswissen, das nur schwer und deshalb nicht zu Papier gebracht werden konnte, ging hierdurch verloren.

Häufig ist die durch das Altsystem bereitgestellte fachliche Qualität nicht in einem Projektschritt erreichbar. Das Altsystem hat hier in der Regel einen Platzvorteil, da es im Laufe seiner Lebensdauer evolutionär erweitert und optimiert werden konnte. Diese Gnade wird dem Neubau in der Regel nicht zugestanden, denn wer mag den Benutzern und Kunden einen temporären Rückschritt im Hinblick auf Funktionsumfang oder gar Stabilität schmackhaft machen, gerade wenn die Benutzer das System zur Erfüllung kritischer Aufgaben nutzen? Pilot- oder Parallelbetriebsphasen lösen das Problem nicht, da sie in der Regel nicht die gesamte

Nutzer-Community einbeziehen können und so nicht ausreichend Druck aufbauen können. Dies gilt gerade für B2B-Schnittstellen, auf denen ein Pilotbetrieb wegen der dafür notwendigen hohen Koordinationsaufwände meist nur sehr reduziert stattfindet.

Auch am Markt verfügbare Standardlösungen lösen diese Probleme überraschenderweise häufig nicht, da diese vom Funktionsumfang her gesehen wichtige, aber kundenspezifische Funktionen nicht enthalten und deshalb funktional adaptiert werden müssen. Standardlösungen müssen ausgeschrieben und deshalb detailliert spezifiziert werden. Auch unter dem Gesichtspunkt der Integrationsaufgabe bieten Standardlösungen nicht in jedem Fall einen Vorteil, da auch sie in die vorhandene oder zukünftige Systemlandschaft integriert werden müssen. Da es sich bei Standardlösungen bei Licht betrachtet auch um erfolgreiche Altanwendungen handelt, stehen sie – technisch betrachtet – auch nicht in jedem Fall auf der Höhe der Zeit.

Es braucht also eine angemessene, vorzugsweise evolutionäre Strategie zur Erneuerung komplexer Systemlandschaften. Diese setzt sich bei MGR Integration Solutions aus Bausteinen („Digitalisierungsbaukasten") zusammen:

- Komplexe, schlecht spezifizierte Bestandsysteme müssen nachdokumentiert werden und ggf. zunächst ohne Erweiterung der Funktionalität auf moderner Technologiebasis nachimplementiert werden. Die Nachdokumentation umfasst hier nicht nur die beschreibende Erhebung von Anforderungen, sondern auch die Erstellung von in erster Linie automatisierten Testfällen. Da der Neubau funktional nicht verändert wurde, werden insbesondere Vergleichstests zwischen Bestandsystem und Neubau möglich.

- Nachdem der Neubau bei Inbetriebnahme zunächst mit dem Bestandsystem gleichziehen konnte, kann er in weiteren Schritten ausgebaut und erweitert werden.

- Medienbrüche in Datenflüssen müssen durch Messung von KPIs (key performance indicators) entdeckt und durch taktische Komponenten geschlossen werden, die zu einem späteren Zeitpunkt in der Ziellandschaft geordnet implementiert werden.

- Testlandschaften müssen im Handumdrehen und kostengünstig bereitgestellt und mit (Life-) Daten versorgt werden können. Allgemein muss die Effizienz des Testens vor allem durch Testautomatisierung dahin gebracht werden, dass die Qualitätssicherung die Entwicklung ressourcen- und kostentechnisch nicht behindert. Ansonsten erdrücken die Kosten der Qualitätssicherung mittelfristig die Entwicklungskosten und führen unweigerlich zum Renovierungsstau.

**Besondere Aspekte kritischer Infrastruktur**

Der Gesetzgeber stellt besondere Anforderungen an den Betrieb und die Entwicklung von Systemen, die zur kritischen Infrastruktur gehören.

Auf den ersten Blick stellen diese Anforderungen eine weitere Erschwernis beim Neubau komplexer Systemlandschaften dar.

IT-Systeme der kritischen Infrastruktur müssen vor Inbetriebnahme auf Einhaltung des Stands der Technik geprüft werden. Die Prüfung muss dokumentiert werden und ist in regelmäßigen Abständen zu wiederholen. Während des Betriebs sind schwerwiegende Zwischenfälle zu dokumentieren und dem BSI zu melden.

Gerne übersehen bzw. nicht befolgt: Das Personal, das Systeme der kritischen Infrastruktur baut oder betreibt, muss in Fachlichkeit und Technik hinreichend ausgebildet sein und dies nachweisen.

Auf den zweiten Blick schafft das IT-Sicherheitsgesetz (IT-SiG) eher Gleichberechtigung zwischen Bestandsystemen und dem Neubau: Bestandsysteme sind in der Regel nicht auf dem Stand der Technik und erfordern entsprechend Risikobetrachtungen und nachweisbar geplante Verbesserungen.

Der initial zusätzliche Aufwand für Zertifizierung des Personals im Hinblick auf fachliche und technische Qualifikation zahlt sich in der tägliche Projektarbeit und im Betrieb aus.

**Verspätete Geburtstagswünsche**

Meinen großen Dank an Herrn Hotz habe ich bereits weiter oben zum Ausdruck gebracht. Ich freue mich, dass Herr Hotz so einflussreich und belohnt durch nachhaltig sichtbare Ergebnisse wirken konnte. Es wäre schön, wenn die akademischen Hotz-Kinder diese Ergebnisse noch weiter vorantreiben würden. Ich aus meiner persönlich-egoistischen Sicht würde mir dabei eine Initiative zur Erstellung von Plattformkomponenten (Betriebssysteme, Datenbanken, Middleware, Virtualisierung, Security etc.) in Europa wünschen, die unsere technische und kommerzielle Abhängigkeit von den einschlägigen Großanbietern reduzieren würde.

# #33 Osthof, Hans Georg

Geboren am 7. April 1959 in Saarbrücken-Ensheim. 1979-1983 Studium der Informatik mit Nebenfach Wirtschaftswissenschaften an der Universität des Saarlandes. 1990 Promotion bei Günter Hotz mit einem Dissertationsthema über „Optimale Grapheinbettungen und ihre Anwendungen". 1984-1991 wissenschaftlicher Mitarbeiter im Sonderforschungsbereich (SFB) 124 „VLSI-Entwurfsmethoden und Parallelität" an der Universität des Saarlandes. Ab 1991 Tätigkeit in verschiedenen Unternehmen im Verlagswesen.

**„Verstecken Sie sich vor mir?"**

Mit dieser Frage begann 1982 unser Leben auf dem Hotz-Flur.

Aber der Reihe nach. Im Wintersemester 1979 startete ich mit dem Informatikstudium. Bereits im Sommersemester 1980 haben Ursula Groh (#31) und ich gemeinsam die Vorlesungen besucht und uns gegenseitig geholfen. Wir wohnten beide in St. Ingbert und so lag auch eine Fahrgemeinschaft nahe. Nach drei Semestern stellte sich zur damaligen Zeit mit fünf Informatikprofessoren immer die Frage „Wo das Diplom machen – wer nimmt uns?" Folgender Ruf von Günter Hotz eilte ihm damals voraus: Höchst anspruchsvolle Vorlesungen, schwierige Themen – formale Sprachen – alles nicht ganz einfach. Also nichts für uns.

Wir wollten aber schnell weiterkommen und besuchten deshalb im Wintersemester 1981 die Vorlesung „Theorie der Warteschlangen" des immer gut gelaunten Rainer Kemp (#8). Die hatte es allerdings in sich, aber wir wollten nicht aufgeben. Die mündliche Prüfung in seinem eiskalten Büro – kein Wunder, es war Winter und die Fenster standen sperrangelweit offen, der Prüfer im T-Shirt und sein Beisitzer Mike Eulenstein im Wintermantel– machte uns schnell klar, dass das Studium doch einige Anforderungen mit sich bringen würde. Dem war dann übrigens auch so. Die Nachfrage nach Diplomthemen hatte Rainer Kemp leider abschlägig beschieden, da Warteschlangen eh nicht sein Thema wären und er in Kürze einem Ruf folgen würde. Aber er hat uns Günter Hotz empfohlen, dort wären wir gut aufgehoben. Hm, was sollten wir nun tun? Fragen kostet nichts und wir gingen zu Bernd Becker (#23), Ursulas Bremser ihrer Info1-Vorlesung und Assistent von Günter Hotz – einige Zeit später sollte Ursula übrigens ihren Nachnamen, s. #31, ändern. Bernd wollte mal mit seinem Prof. sprechen...

Der Sommer 1982 kam. Und eines Tages wollten wir wie immer nach der Vorlesung nach Hause fahren – ich war mit dem Fahren dran. Plötzlich Ursula: „Da kommt Herr Hotz aus dem Gebäude heraus". Für die Jüngeren sei hier angemerkt, dass es zu jener Zeit um das Informatik- und Mathematikgebäude noch sehr naturbelassen ausgesehen hat. Bis auf das Fraunhofer Institut Richtung Stuhlsatzenhaus gab es nur Wald. Das Parken vis-à-vis vor dem Hörsaalgebäude zwischen Bäumen, Geäst und Schlaglöchern hob jeden Tag die Stimmung, aber meine Ente schaffte alles. Nur einen nicht. Wir duckten uns also nach dem Warnruf hinter meinen 2CV und lugten über die Motorhaube, um den Überblick zu behalten. Plötzlich fragte jemand direkt hinter uns „Verstecken Sie sich vor mir?". Wir drehten uns in der Hocke um und schauten in sein lachendes Gesicht – es war richtig peinlich. „Ja, ich kenne Sie; am besten kommen Sie bei mir vorbei. Vereinbaren Sie einen Termin mit Frau Moning!" Sprach's, drehte sich um und ging zu seinem Wagen.

Und so entwickelte sich alles fortan „kanonisch". Denn in seiner unnachahmlichen und menschlichen Art hat Herr Hotz uns dann alle im wahrsten Sinne des Wortes großgezogen.

Denkwürdige SFB-124-Treffen in Hotzenhausen[30] – wie einige den Tagungsort umbenannten – bleiben mir in lebhafter Erinnerung, insbesondere eine Episode, die auch eine Leidenschaft von Günter Hotz betrifft – das Autofahren in seinem weithin sichtbaren roten Mercedes Kombi. Wir warteten einmal im großen Seminarraum auf unsere SFB-Professoren, die direkt von einer wichtigen Veranstaltung der Deutschen Forschungsgemeinschaft (DFG) zu uns stoßen wollten. Die Tür ging auf, ein höchst vergnügter Günter Hotz trat beschwingten Schrittes ein – wohl, weil er das Treffen voll in seinem Sinne gelenkt hatte, gefolgt von einem leichenblassen Kurt Mehlhorn, der nur stöhnte: „Wir sind geflogen!"

Und etwas Lebenswichtiges hat mir Herr Hotz anlässlich einer Begehung unseres SFB durch die DFG beigebracht, als ich versucht hatte, mein Forschungsthema zu erläutern: Man kann jedes noch so schwierige Problem und seine Lösungsidee in wenigen Sätzen plastisch erläutern. Andernfalls taugt das Thema oder die vortragende Person nichts. Und er fing mit den Worten „Sehen Sie, meine Damen und Herren, ...", meine Arbeit zu erläutern.

---

[30]) Das Gruppenfoto wurde von Günter Hotz während einer Seminarwanderung aufgenommen.

Diesen Grundsatz habe ich seither in meinem Leben – ob in der Familie, mit Freunden, Kollegen oder Kunden – versucht zu befolgen.

Ganz persönlich habe ich Günter Hotz, den Erfahrungen im SFB 124 VLSI und meinem Dissertationsthema (!) neben ganz praktischen Tätigkeiten – Jan Messerschmidt (#21) ließ mich Kabel in Decken verlegen[31] und Anschlüsse löten – die Grundlagen für mein Berufsleben zu verdanken.

Dieses spielte und spielt sich ausschließlich im Verlagsumfeld ab – und dort im Bereich des Elektronischen Publizieren.

Der richtige Umgang mit den Komplexitätsmaßen Speicherplatz und Rechenzeit sowie der Effektivität und Effizienz von Problemlösungen sind beim Elektronischen Publizieren (EP) unabdingbar. Ob intelligentes Suchen und Auswerten in schier unüberschaubar vielen Publikationen (in den Themenfeldern Wirtschaft, Steuern, Recht und der Medizin), ob das Testen von hochkomplexen Fachinformationsprodukten oder die automatisierte (themen- und nutzerspezifische) Bestimmung des „wichtigsten Fachbeitrags des Tages" – alles lässt sich zurückführen auf die elementaren sowie aktuellen Lösungsmethoden der Informatik. Waren KI-Methoden, u.a. auch Neuronale Netze, noch in den 80-er Jahren aufgrund der fehlenden technischen Möglichkeiten schwierig einzusetzen, so haben wir jetzt die Rechenleistung und Software-Methoden, diese gewinnbringend und hoffentlich sinnvoll einzusetzen. Trotzdem gilt es nach wie vor, den Ressourcenbedarf immer zu beachten, wie auch unsere ehrgeizigen Projekte seit Jahren belegen.

Meine beruflichen Stationen waren die Saarbrücker Zeitung von 1991 bis 1997 mit der technischen Leitung der Saarbrücker Datentechnik (Schwerpunkt *Amt für Veröffentlichungen* der EU in Luxemburg sowie Entwicklung eines multimedialen Archivsystems für Zeitungshäuser), 1998 bis 2009 Verlagsleiter Elektronisches Publizieren beim Haufe Verlag in Freiburg (Aufbau des Bereiches EP sowie Entwicklung einer Cross-Media Plattform für Print, DVD und Online), seit Mitte 2009 Geschäftsführer beim buchholz-fachinformationsdienst im saarländischen Bexbach (Aufbau einer Wissensmanagement-Plattform mit Integration der wichtigsten Fachinformationsverlage in den Bereichen Wirtschaft, Steuern, Recht sowie Medizin für aktuell über 10.000 B2B-Kunden).

---

[31]) Das Foto zeigt (von links) Christoph Tammer, technischer Mitarbeiter im SFB 100, und Peter Auler (#25) beim Verlegen eines Kabels im „Hotzflur"

Auf dem beruflichen und privaten Lebensweg haben mich stets „Geschwister" begleitet – nicht zuletzt wurde dabei auch ein Bruder zusätzlich zu einem Schwager, s. #40. Und so schließt sich der Kreis, da wir auf Spaziergängen immer wieder das Ehepaar Hotz zu einem vergnüglichen Plausch treffen.

## #34 Sparmann, Uwe

Geboren am 21.7.1960 in Merzig. 1981-1986 Studium der Informatik und Mathematik an der Universität des Saarlandes. 1991 Promotion bei Günter Hotz mit einem Dissertationsthema zum Fertigungstest von VLSI-Schaltkreisen. 1996 Habilitation an der Technischen Fakultät der Universität des Saarlandes. 1986-1997 Wissenschaftlicher Mitarbeiter von Günter Hotz (TESUS-Projekt „Testverfahren elektronischer Schaltkreise und Systeme" und Sonderforschungsbereich 124 „VLSI-Entwurfsmethoden und Parallelität") an der Universität des Saarlandes. Visiting Assistant Professor an der University of Iowa im Rahmen eines DFG Forschungsstipendiums von März 1993 bis Februar 1994. Vertretungsprofessuren an der Universität des Saarlandes (Sommersemester 1996) und der Johann Wolfgang Goethe-Universität Frankfurt am Main (Sommersemester und Wintersemester 1997). Seit 1998 Mitarbeiter bei der juris GmbH in Saarbrücken mit den Arbeitsschwerpunkten Information Retrieval, Morphologie, Web Services und Software Test.

# #35 Sellen, Jürgen

Geboren am 05.02.1968 in Neunkirchen (Saar). 1987-1991 Studium der Informatik und Mathematik an der Universität des Saarlandes. 1991 Promotion bei Günter Hotz mit einem Dissertationsthema aus der Theoretischen Informatik / Robotik. 1991-1995 Postdoktoranden-Stipendium im Graduiertenkolleg Informatik der Universität des Saarlandes und wissenschaftlicher Mitarbeiter im Sonderforschungsbereich *VLSI-Entwurfsmethoden und Parallelität*. Seit 1995 Systemingenieur in der ESG Elektroniksystem- und Logistik GmbH, München. Seit 2011 tätig für die ESG im Systemunterstützungszentrum NH90/Tiger.

## #36 Hartmann, Joachim

Im Frühjahr 1992 reichte ich als 36. Doktorkind von Günter Hotz meine Dissertation ein. Heute, fast auf den Tag genau 30 Jahre später, habe ich das Alter erreicht, das mein Doktorvater damals hatte, und befinde ich mich seit zwei Jahren im Vorruhestand. Nach 26 aktiven Jahren bei SAP ergriff ich 2019 die Gelegenheit, nicht mehr arbeiten zu müssen (Nietzsche: „Man muss aufhören, sich essen zu lassen, wenn man am besten schmeckt."). Inzwischen gebe ich meine gewonnenen Erfahrungen als freiberuflicher Berater weiter und tue dies aktuell für die DIaLOGIKa.

Mein Beitrag zur vorliegenden Festschrift ist eine Mischung aus Lebenslauf, Beschreibung meines Berufslebens und der Darstellung eines noch nicht allzu lang zurückliegenden Versuchs, eine Fragestellung aus der Industrie nochmals mit dem wissenschaftlichen Rüstzeug anzugehen, das ich an der Hochschule erhalten habe.

**Studium und Beruf**

Während meiner Uni-Karriere konzentrierte ich mich, wie in der Informatik nicht unüblich, auf Algorithmen und Beweise. Eine sehr befriedigende Arbeit, wenn man etwas „herausbekommt", so wie es mir 1988 mit der Verbesserung eines Forschungsergebnisses von Bernd Becker (#23) gelang. Das Ergebnis durfte ich anschließend als Diplomarbeit mit dem Titel „Ein C-Test für einen schnellen Multiplizierer" abgeben. Das Resultat überraschte damals viele, und Günter Hotz kommentierte es mit den Worten, der Versuch, ein so unerwartetes Ergebnis zu erzielen, sei nur mit meiner Unerfahrenheit zu erklären gewesen.

Geboren 1962 in Losheim (damals noch ohne „am See") absolvierte ich 1982 mein Abitur in Wadern und begann nach dem Wehrdienst 1983 mein Studium der Informatik an der Universität des Saarlandes. Günter Hotz prägte meine Hochschulzeit vom ersten Studientag an. Bei ihm hörte ich die Vorlesungen Informatik 1-4, er gab mir später einen Programmierjob im Sonderforschungsbereich 124, nahm besagten C-Test als Diplomarbeit an und ermöglichte mir die Promotion. So sehr ich auch das wissenschaftliche Arbeiten und die Zeit auf dem „Hotzflur" genoss, am Ende entschied ich mich für den Wechsel in die Industrie.

1993 erhielt ich eine Anstellung als Senior-Softwareentwickler bei der DACOS in St. Ingbert, die ein Jahr später von der SAP übernommen wurde. In der

Folgezeit entwickelte ich die erste Webshop-Lösung der SAP, die bei mehr als 1000 Kunden weltweit zum Einsatz kam, und wurde 1999 Entwicklungsleiter für E-Commerce. Nach einem Intermezzo im SAP-Kundenprojektgeschäft als Programmdirektor für eine Energieversorger-Lösung (2007 bis 2009) kehrte ich wieder in die Standard-Entwicklung zurück, dieses Mal als Entwicklungsleiter innerhalb der Branchenlösung Handel. 2011 musste ich mich dann entscheiden zwischen reinem „People Management" und fachlicher Arbeit. Beide Aufgabenbereiche in einer Funktion ließ die SAP im Zuge ihrer *Lean Transformation* nicht mehr zu. Ich entschied mich für die Fachkarriere und arbeitete anschließend in verschiedenen Funktionen im Bereich *Retail und Multi Channel*.

Um den Wandel aktiv mitzugestalten, betätigte ich mich parallel dazu als *Lean Mentor*. In der zugehörigen Ausbildung wurde vom klassischen *Lean Management* eine Brücke zu agilen Methoden wie SCRUM und *Design Thinking* geschlagen. Die Neuausrichtung war faszinierend: Weg vom traditionellen *Command-&-Control*-Führungsstil hin zur Übertragung der Verantwortung auf die Teams, ein nachhaltiger und achtsamer Umgang miteinander in einem Umfeld, in dem die Mehrzahl der Fälle von Berufsunfähigkeit durch Burn-outs verursacht wird, und die konsequente Ausrichtung der Produkte danach, wie sie Endanwendern den größtmöglichen Nutzen bringen. All dies bedeutet eine gewaltige Umstellung, die einer Organisation nicht nur Chancen bietet, sondern sie auch vor große Herausforderungen stellt. Verkrustete Managementstrukturen und Mitarbeiter, die den Veränderungen nicht mehr folgen können, gefährden den Erfolg. Nicht zuletzt deswegen wurden bei SAP wiederholt Vorruhestandsprogramme angeboten.

**Regel-basierte Listung**

In meinem letzten SAP-Jahr beschäftige ich mich noch einmal mit Algorithmen und Beweisen. Ein Redesign der Listungsfunktionalität des SAP Handelsmoduls war Auslöser für die Frage, wie man Änderungen an Filialsortimenten, die über Regeln definiert sind, performant berechnet.

Große Handelsketten verfügen über Hunderttausende von Artikeln und mehrere Tausend Filialen. Die Sortimente der Filialen unterscheiden sich voneinander, und sie manuell zu definieren, wäre ein großer Aufwand. Deswegen greift man auf Sortimentsbausteine zurück, aus denen modular die einzelnen Filialsortimente aufgebaut werden. Des Weiteren erreicht man eine Automatisierung, indem man über Regeln definiert, welche Artikel in welchen Bausteinen gelistet werden.

Für diese regel-basierte Listung werden den Artikeln wie auch den Bausteinen Attribute mit Bewertungen zugewiesen. Beispiele für solche Attribute sind *Preisniveau* mit den Werten *niedrig, mittel, hoch* und *Kategorie* mit den Werten *Molkereiprodukte, Konserven, Trockenware*. Die Regeln werden dann als logische Ausdrücke über Vergleichen formuliert, in denen die Attributwerte von Artikeln und Bausteinen zueinander in Relation gesetzt werden. Etwa: *Preisniveau(Artikel) > Preisniveau(Baustein) UND Kategorie(Artikel) = Kategorie(Baustein)*. Die Zugehörigkeit eines Artikels zu einem Baustein ergibt sich dann in intuitiver Weise aus den Attributwerten des Artikels und des Bausteins.

Die Prüfung, ob ein Artikel einem Sortimentsbaustein angehört, fällt häufig an, etwa bei den täglichen Nachbestellungen der Filialen in der Zentrale. Deswegen ist die Verwendung einer Lookup-Tabelle sinnvoll, in der die Information, ob ein Artikel im Sortimentsbaustein enthalten ist, als boolescher Wert, dem sogenannten Listungswert, abgespeichert wird. Ändert sich nun für einen Artikel ein Attributwert, so hat dies Auswirkungen auf seine Listungswerte.

Ein *Greedy*-Algorithmus wertet für eine Artikeländerung die Regeln sämtlicher Bausteine neu aus und aktualisiert mit den Ergebnissen die Lookup-Tabelle. Da Attributwert-Änderungen oft vorkommen (man denke beispielsweise an Preisänderungen), lohnt es sich, nach einem besseren Verfahren zu suchen. Dabei hilft folgende Beobachtung. Nicht jede Attributwertänderung wird in einem logischen Ausdruck weiterpropagiert. Bei einem logischen UND wird sie durch einen logischen FALSCH-Wert gestoppt, bei einem logischen ODER durch das logische WAHR. Auf Basis dieser Erkenntnis lässt sich ein heuristischer, rekursiver Algorithmus konstruieren, der die Menge der Bausteine, die für eine Änderung der Lookup-Werte in Frage kommen, reduziert. Es lassen sich Fälle konstruieren, in denen die Heuristik zu einer drastischen Verringerung der zu betrachtenden Bausteine führt. Allerdings blieb unklar, wie gut sich das Verfahren in der Praxis bewähren würde. Zusammen mit Manuel Reinert, mit dem ich an dem Listungsthema arbeitete, fasste ich den Entschluss, die Praxistauglichkeit in einer Bachelorarbeit untersuchen zu lassen. Allerdings sollte es dann doch anders kommen.

Bei einem Klassentreffen erzählte ich meinem Schulfreund und Doktorbruder Elmar Schömer (#40) von der Arbeit. Er ermunterte mich, ihm den Artikel, der inzwischen zu dem Thema entstanden war, zuzusenden. Elmars anschließender Kommentar, ob man für niedrige Regelkomplexitäten nicht doch ein exaktes Verfahren entwickeln könnte, führte zu folgender Idee, die davon ausgeht, dass die relevanten Daten in einer relationalen Datenbank abgelegt sind. Aus dem Regelausdruck wird rekursiv die Where-Klausel eines SQL-Statements konstruiert, das die exakte Menge der Sortimentsbausteine liefert, für die sich der Listungswert ändert. Der Ansatz vertraut darauf, dass die SQL-Optimierer moderner Datenbanksysteme die Selektion performant ausführen können. Eine erste Bestätigung dieser Annahme lieferte Eric Herrmann in seiner 2019 erschienen Bachelorarbeit *Rule-based Listing*, in der er das Verfahren als *Proof of Concept* implementierte und Laufzeitmessungen durchführte. Manuel Reinert übernahm die Betreuung der Bachelorarbeit und Thomas Kretschmer (#29) die Begutachtung für die htw Saar.

## #37 Guan, Yonggang

Geboren am 01.10.1954 in China. 1978-1982 Studium der Informatik und Mathematik an der Universität Hebei in China. 1987-1989 Studium der Informatik an der Universität des Saarlandes. 1992 Promotion bei Günter Hotz mit einem Dissertationsthema zur Syntaxanalyse natürlicher Sprache. Danach Software-Entwicklung bei einem Softwarekonzern bis zum Eintritt in den Ruhestand.

### #38 Sparmann, Gisela, geb. Pitsch

Geboren am 13.06.1966 in Merzig. 1985-1990 Studium der Informatik und Mathematik an der Universität des Saarlandes. 1990-1993 Stipendiatin im ersten Graduiertenkolleg Informatik an der Universität des Saarlandes. 1993 Promotion bei Günter Hotz mit einem Dissertationsthema zur Syntaxanalyse natürlicher Sprache. 1993-1994 Wissenschaftliche Mitarbeiterin an der Universität des Saarlandes. 1994-1997 Aufbau und Leitung der Software-Entwicklungsabteilung Medizin/Pflege bei der GWI Research GmbH, heute Dedalus HealthCare GmbH, in Trier. Konzeption und Entwicklung von datenbankgestützter Software für die medizinische Dokumentation in Akut-Krankenhäusern sowie Projektleitung bei deren Umsetzung und Einführung. Seit 1997 Professorin für Software Engineering am Umwelt-Campus Birkenfeld der Hochschule Trier. Federführend bei Aufbau und Weiterentwicklung der Informatik-Studiengänge im Fachbereich Umweltplanung/-technik. 2015-2019 Vizepräsidentin Forschung der Hochschule Trier.

# #39 Wu, Hongzhong

Geboren am 15.01.1957 in Shanxi, VR China. 1975-1977 Landarbeiter nach dem Abitur. 1978-1984 Studium der Mathematik und Informatik an der Universität Wuhan, VR China. 1985-1986 PhD-Studium am Computer-Science-Institut der Chinesischen Akademie der Wissenschaften in Beijing, VR China. 1987-1988 Gastwissenschaftler beim der Fraunhofer-IITB in Karlsruhe. 1988 Wechsel an die Universität des Saarlandes. 1994 Promotion bei Herrn Professor Günter Hotz mit dem Dissertationsthema „On the test complexity of VLSI-systems". Seit 1995 Softwareentwicklung und Beratung für deutsche und internationale Unternehmen mit Projekten in Deutschland, Frankreich, der Schweiz und Japan.

# #40 Schömer, Elmar

Geboren am 14. Februar 1963 in Wadern. 1983-1988 Studium der Informatik mit Nebenfach Physik an der Universität des Saarlandes. 1994 Promotion bei Günter Hotz mit dem Thema „Montageplanung mit Kollisionserkennung". 1999 Habilitation mit dem Thema „Kollisionserkennung und Kollisionsreaktion". 2000-2002 Forschungsgruppenleiter in der Arbeitsgruppe von Kurt Mehlhorn am Max-Planck-Institut für Informatik in Saarbrücken. Seit 2002 Professor für Informatik (Computergrafik und Algorithmische Geometrie) an der Johannes Gutenberg-Universität in Mainz.

**„Vom Teufelsknoten zum Montagevorranggraphen"**

Aus der Küche duftet der leckere Geruch der selbstgemachten Pizza von Frau Hotz, und es fällt mir schwer, mich auf die Radioansprache „Wir müssen wissen, wir werden wissen." von David Hilbert aus dem Jahr 1930 zu konzentrieren, die uns Herr Hotz in seinem Arbeitszimmer vorspielt. Wie fast jedes Jahr hat er alle seine Mitarbeiterinnen und Mitarbeiter zu seiner Geburtstagsfeier nach Hause eingeladen. Herr Hotz erzählt von seiner Doktorarbeit bei Kurt Reidemeister mit dem Titel „Über zwei Knotendarstellungen". Dann reicht er ein dreidimensionales hölzernes Puzzle herum, das er vom Saarbrücker Weihnachtsmarkt mitgebracht hat und sagt in Runde: „Wenn Sie ein Programm entwickeln können, das diesen Teufelsknoten automatisch löst, können Sie damit promovieren." Nachdem ich den ganzen Abend fasziniert mit dem Puzzle herumgespielt habe, denke ich mir: „Das kann doch nicht so schwierig sein. Ich werde diesen Teufelsknoten lösen und dann einen universellen Algorithmus zur Lösung solcher Probleme entwickeln." Das war eine Fehleinschätzung und mir blieb nur der Trost, dass auch berühmte Mathematiker wie Hilbert sich schon geirrt haben.

Zur Promotion hat es dann doch noch gereicht, und der Funke für die wissenschaftliche Auseinandersetzung mit diversen geometrischen Problemstellungen war entfacht. Meine ersten Publikationen haben sich mit asymptotisch effizienten Algorithmen zur Erkennung von Kollisionen zwischen bewegten geometrischen Körpern beschäftigt – theoretisch interessant, aber vollkommen praxisfern. Erst durch die Zusammenarbeit mit den „Daimler-Docs" Jens Eckstein (#46), Matthias Buck (#47) und Jörg Sauer (#51) wurde mein Interesse hin zu praxistauglichen geometrischen Algorithmen für diese Art von Problemen gelenkt. Insbesondere haben wir uns mit echtzeitfähigen Algorithmen zur Kollisionserkennung und zur Kollsionsreaktion für den Einsatz in der virtuellen Realität beschäftigt, um interaktiv die Planung der Montage von Fahrzeugen im Automobilbau zu unterstützen. Dieses Themenfeld gehört auch heute noch zu meinen Forschungsinteressen. Ähnlich zu der Problemstellung des Teufelsknotens von Herrn Hotz versuchen wir, einen Montagevorranggraphen für ein Fahrzeug zu berechnen, aus dem man mögliche Montagereihenfolgen für einzelne Bauteile und Bauteilgruppen eines Fahrzeuges ableiten kann (siehe [1]).

In Kooperation mit DaimlerChrysler haben wir damals auch begonnen, eine Software zu entwickeln, mit deren Hilfe man das Volumen eines Fahrzeugkofferraumes ermitteln kann. Bei der Angabe des Kofferraumvolumens müssen Automobilhersteller sich an eine DIN-Norm halten, die es erfordert, möglichst viele 1-Liter Quader im Kofferraum zu verstauen. Optimale Lösungen für derartige Packprobleme zu finden, ist ein beweisbar schwieriges Problem, so dass wir auf heuristische stochastische Optimierungsverfahren angewiesen waren (siehe [2]). Zum Spaß haben wir auch einmal an einem internationalen Programmierwettbewerb teilgenommen, um folgendes Packproblem (siehe [3]) zu lösen: Wie muss man $n$ Kreise mit den Radien von 1 bis $n$ anordnen, damit der umschließende Kreis einen möglichst kleinen Radius besitzt? Die Beschäftigung mit einem solchen Problem mag als l'art pour l'art erscheinen, aber seit einigen Jahren wird unsere Software tatsächlich dazu verwendet, um den Querschnitt von kilometerlangen und vieladrigen Versorgungskabeln zu optimieren.

Oft habe ich bei der Wahl meiner Forschungsthemen an die Anekdote vom verlorenen Schlüssel gedacht, die Herr Hotz immer gern erzählt hat, um zu verdeutlichen, wie der Wissenschaftsbetrieb funktioniert. Ob ich die Weisheit, die darin steckt, beherzigt habe, mögen andere beurteilen. Der Teufelsknoten steht übrigens immer noch in meinem Büro als Erinnerung an die schönen und spannenden 19 Lehrjahre in Saarbrücken. Vielen Dank dafür, Herr Hotz.

**Literaturverzeichnis**

[1] Sebastian Dorn, Nicola Wolpert, and Elmar Schömer. Expansive Voronoi tree: A motion planner for assembly sequence planning. In *IEEE International Conference on Robotics and Automation, ICRA 2021, Xi'an, China, May 30 - June 5, 2021*, pages 7880–7886. IEEE, 2021.

[2] Friedrich Eisenbrand, Stefan Funke, Andreas Karrenbauer, Joachim Reichel, and Elmar Schömer. Packing a truck - now with a twist! *Int. J. Comput. Geom. Appl.*, 17(5):505–527, 2007.

[3] André Müller, Johannes Josef Schneider, and Elmar Schömer. Packing a multidisperse system of hard disks in a circular environment. *Physical review E, Statistical, nonlinear, and soft matter physics*, 79 2 Pt 1:021102, 2009.

# #41 Burch, Thomas

Geboren am 01.12.1964 in Saarbrücken. 1983-1989 Studium der Informatik und Elektrotechnik an der Universität des Saarlandes. 1995 Promotion bei Günter Hotz mit einem Dissertationsthema aus dem Bereich des Entwurfs integrierter Schaltkreise. 1989-1998 Wissenschaftlicher Mitarbeiter im Sonderforschungsbereich 124 „VLSI-Entwurfsmethoden und Parallelität" und im Max-Planck-Institut für Informatik an der Universität des Saarlandes. Seit 1998 Geschäftsführer des Kompetenzzentrums – Trier Center for Digital Humanities.

**Eine Frühstücksidee mit nachhaltigem Erfolg**

Die Einrichtung des Kompetenzzentrums – Trier Center for Digital Humanities an der Universität Trier:

> „Trier, 12. April 1998: Das *Kompetenzzentrum für elektronische Erschließungs- und Publikationsverfahren in den Geisteswissenschaften an der Universität Trier* wurde mit Unterstützung des Landes Rheinland-Pfalz, der Universität Trier und der Akademie der Wissenschaften und der Literatur Mainz am 1. April 1998 begründet. Zu den vom Zentrum betreuten Großprojekten gehört u.a. die von der DFG geförderte Digitalisierung des 'Deutschen Wörterbuchs' der Brüder Grimm, das künftig in einer Internetversion weltweit allen an der deutschen Sprache Interessierten zur Verfügung stehen wird. Im Bereich der Textdigitalisierung auf der Grundlage internationaler Standards für offene Schnittstellen gibt es deutschlandweit keine vergleichbare Einrichtung."

Mit dieser offiziellen Pressemitteilung wurde seinerzeit über die Gründung einer neuen Einrichtung an der Universität Trier informiert. Vor dem Hintergrund der vom Land Rheinland-Pfalz bereit gestellten Mittel zur Förderung von landesweiten Kompetenzzentren entwickelte sich die Idee zum Aufbau eines solchen Zentrums für die digitalen Geisteswissenschaften am Frühstückstisch bei einem Gespräch zwischen dem Germanisten Kurt Gärtner und Günter Hotz anlässlich der jährlich stattfindenden Plenarsitzung der Akademie der Wissenschaften und der Literatur Mainz. Gerade die Geisteswissenschaften mit ihrem breiten Spektrum an Fachdisziplinen und Forschungsgegenständen boten das ideale Einsatzgebiet für Methoden und Konzepte des „elektronischen Publizierens". Insbesondere die an den deutschen Akademien bearbeiteten Projekte stellten aufgrund ihres Umfanges und ihrer Komplexität sowie hinsichtlich der veranschlagten Publikationszeiträume eine Herausforderung dar, geeignete Konzepte für den Einsatz der „elektronischen Medien" zu entwickeln. Geleitet von der Einschätzung, dass die geisteswissenschaftlichen Fächer sich zeitgemäßer informationstechnologischer Methoden bedienen müssen, um nicht den Anschluss zu verlieren (O-Ton Hotz: „Die Akademien verschlafen die Zukunft."), und dem Konzept erfolgreicher vergleichbarer Einrichtungen auf internationaler Ebene folgend, wurde ein Förderantrag zur Finanzierung zweier Mitarbeiterstellen für einen Geisteswissenschaftler und einen Informatiker (den Verfasser dieses Beitrags) eingereicht.

Die Bewilligung dieses interdisziplinären Kerns legte den Grundstein für ein Ende der 1990er Jahre deutschlandweit einmaliges Zentrum, welches in seiner Konzeption und seinen Zielen den an zahlreichen amerikanischen und einigen britischen Universitäten etablierten Einrichtungen für sogenanntes *Computing in the Humanities* vergleichbar ist. Innerhalb der Bundesrepublik unterschied sich die Trierer Neugründung von den beiden anderen, den an der Niedersächsischen Staats- und Universitätsbibliothek Göttingen und der Bayerischen Staatsbibliothek München beheimateten Zentren, dadurch, dass nicht nur eine Image-Digitalisierung, sondern auch eine inhaltliche Erschließung und Annotation geisteswissenschaftlicher Werke durchgeführt wurde, die eine Grundvoraussetzung für die weitere Bearbeitung und Durchsuchbarkeit der Daten bildet. Der Leser und Nutzer bekam damit nicht nur ein Abbild eines Textes, sondern ein innovatives Arbeitsmittel an die Hand.

Bereits nach kurzer Zeit seines Bestehens zeichnete sich das Zentrum durch seine erfolgreiche Arbeit aus, die sich in der Einwerbung von Drittmitteln widerspiegelte und die Universität Trier in einer damaligen Statistik bis auf einen vorderen Platz der Bewilligungen pro Professur im Bereich der Geistes- und Sozialwissenschaften vorrücken ließ. Dieser Erfolg basiert bis heute vor allem auf der besonderen personellen Zusammensetzung aus Fachwissenschaftlern verschiedener geisteswissenschaftlicher Disziplinen und Informatikern, die die Planung von Projekten bereits von Beginn an gemeinsam angehen. Um diesen Kern von Mitarbeitern gruppieren sich weitere, speziell in den jeweiligen Projekten tätige Mitarbeiter und wissenschaftliche Hilfskräfte, in vielen Fällen Doktorandinnen und Doktoranden, die die in der Projektarbeit gewonnenen Kompetenzen nicht nur zur Fortsetzung ihrer wissenschaftlichen Laufbahn, sondern auch als Qualifizierung und Berufserfahrung für einen späteren Übertritt in die Wirtschaft nutzen können. In der nun mehr als 20-jährigen Tätigkeit wurden vom Team des Zentrums mehr als 100 interdisziplinär ausgerichtete Forschungsprojekte mit nationalen und internationalen Kooperationspartnern durchgeführt.

Im Folgenden soll einer der Arbeitsschwerpunkte des Zentrums vorgestellt werden – derjenige, mit dem alles begann, nämlich die digitale Erschließung und

Vernetzung von Wörterbüchern, einer der zentralen Ressourcen geisteswissenschaftlichen Arbeitens. Diese verzeichnen, ordnen und bewahren das ständig wachsende Weltwissen, ermöglichen die Orientierung in verschiedenen Fachgebieten und können so die Wissensbildung bei einer in ihrer Ganzheit oft nicht mehr überschaubaren Informationsfülle entscheidend befördern. Zugleich entspricht ihre Anlage als alphabetisch oder systematisch aufbereitete Informationsquelle einer verbreiteten, von ihnen selbst begründeten Kulturtechnik der Informationssuche, ganz unabhängig von den Inhalten, die durch ihre jeweilige Struktur erschlossen werden. Das macht sie zu zentralen Hilfsmitteln von Forschung und Lehre, denn die von Internet-Suchmaschinen gesammelten Daten können weder die Verlässlichkeit noch den Grad an Systematisierung und Tiefenerschließung der in Nachschlagewerken aufbereiteten Informationen erreichen und bleiben immer noch weit hinter deren Präzision und Umfang zurück.[32]

Mit der Retrodigitalisierung des von Jacob Grimm und Wilhelm Grimm begründeten Deutschen Wörterbuchs (DWB) mit seinen 32 Wörterbuchbänden wurde das (auch heute noch) wichtigste Nachschlagewerk zur deutschen Sprachgeschichte erstmals für jedermann und unbeschränkt im Internet bereitgestellt.[33] Die von den Brüdern Grimm verfolgten Ziele, mit der Erstellung eines Wörterbuchs nicht nur eine möglichst vollständige Dokumentation der deutschen Sprache – von den Anfängen des Deutschen bis zur Zeit Luthers – zu leisten, sondern auch, das DWB darüber hinaus als ein „Hausbuch" zur Verfügung zu stellen, das sich im Besitz eines jeden an der deutschen Sprache Interessierten befinden und innerhalb der Familien zur Erbauung gelesen werden sollte. Diese Ziele wurden damit in moderner Form 150 Jahre nach Erscheinen der ersten Lieferung des Wörterbuchs erreicht.[34]

Da Digitale Wörterbücher, wie auch ihre gedruckten Entsprechungen, auf vielfältige Art aufeinander bezogen und damit in gewisser Weise implizit „vernetzt" sind, eine übergreifende, integrierte Recherche jedoch wegen der Unterschiede

---

[32]) Thomas Burch, Andrea Rapp (2007): Das Wörterbuch-Netz. Verfahren - Methoden – Perspektiven. In: Daniel Burckhardt, Rüdiger Hohls und Claudia Prinz (Ed.): Geschichte im Netz. Praxis, Chancen, Visionen. Beiträge der Tagung .hist 2006, Bd. 1. Unter Mitarbeit von Sebastian Barteleit, Gudrun Gersmann, Peter Haber, Madeleine Herren, Patrick Sahle, Daniel Schlögl et al. Berlin: Humboldt-Universität (Historisches Forum, 10), p. 607–627.

[33]) Der Gedanke, eine Digitalisierung dieses wichtigen Grundlagenwerks in Angriff zu nehmen, war von daher äußerst naheliegend. Nicht vorhersehbar waren allerdings die Proteste, die bei der Vorstellung der ersten Überlegungen seitens der germanistischen Fachwelt laut wurden. Die Digitalisierung eines so umfassenden Werks sei zu aufwendig, die Artikel seien zu unterschiedlich, als dass sinnvoll und konsistent ausgezeichnet werden könne, der Mehrwert einer elektronischen Fassung sei nicht nennenswert. Darüber hinaus sei das DWB zu veraltet und enthalte zudem Artikel, die nicht mehr als „politisch korrekt" bezeichnet werden könnten.

[34]) Thomas Burch, Ruth Christmann, Vera Hildenbrandt, Thomas Schares (2000): Ein „Hausbuch" für alle? Das Deutsche Wörterbuch von Jacob und Wilhelm Grimm auf CD-ROM und im Internet. In: Jahrbuch für Computerphilologie 2, p. 11–34.

in der Anlage, Anordnung und Struktur der einzelnen Werke nicht ohne weiteres möglich ist, lag der Gedanke nahe, die Nachschlagewerke durch geeignetes inhaltlich-strukturelles Markup in standardisierte und damit vergleichbar gemachte Informationseinheiten zu gliedern und durch Metadaten derart anzureichern, dass die impliziten Vernetzungen explizit werden. Auf diese Weise konnte die Lücke zwischen der schwerfälligen Benutzbarkeit und eingeschränkten Verfügbarkeit der Buchversionen einerseits und der fehlenden Systematik und Beliebigkeit der Information im Internet andererseits geschlossen werden. Ausgehend von diesen Überlegungen war der Grundstein gelegt, eine wörterbuchübergreifende Plattform[35] aufzubauen und den Geisteswissenschaftlern eine Arbeitsumgebung für den täglichen Gebrauch zu schaffen.

Der Auf- und Ausbau des Wörterbuchnetzes erfolgte über weitere Projekte, wie beispielsweise der Retrodigitalisierung des Goethe-Wörterbuchs, welches unbestritten eine der renommiertesten lexikographischen Unternehmungen des Deutschen darstellt. Basierend auf allen überkommenen Werken Goethes, erfasst und erschließt es den gesamten Wortschatz (ca. 90.000 Stichwörter) des Autors und bildet ebenso wie der „Grimm" – die große Schwester des Goethe-Wörterbuchs[36] – ein unerlässliches Forschungsinstrument für die deutsche Sprachgeschichte und die Sprachwissenschaft allgemein, welches durch eine bidirektionale Vernetzung beider Wörterbücher in ihrer digitalen Form zusätzlich verstärkt wird. Mit der Integration weiterer Wörterbücher zum historischen Deutsch sowie zu regionalen Varietäten und Dialekten des deutschen Sprachgebiets bietet des Wörterbuchnetz heute Zugriff auf mehr als 30 Nachschlagewerke und wird sowohl von Forschenden, Studierenden und an Sprache Interessierten gleichermaßen intensiv genutzt.

Neben dem Schwerpunkt der Digitalen Lexikographie bewegen sich die Arbeiten des Zentrums im Bereich der Digitalen Editions-, Kultur- und Literaturwissenschaft sowie der Konzeption und Implementierung von spezifischen Softwarelösungen für geisteswissenschaftliche Arbeitsabläufe. Mittlerweile ist das Trier Center for Digital Humanities[37] eine zentrale Forschungseinrichtung der Universität Trier und mit einem Kern von sechs entfristeten Mitarbeiterstellen dauerhaft etabliert. Geleitet wird das TCDH heute von Claudine Moulin und Christof Schöch als Direktorin bzw. Direktor sowie Claudia Bamberg und Thomas Burch als Geschäftsführende. Im Zentrum sind 30 wissenschaftliche Mitarbeiter in aktuell mehr als 20 parallel bearbeiteten Projekten beschäftigt. Es ist damit deutschlandweit eine der größten Einrichtungen auf dem sich in den letzten Jahren stark entwickelnden Feld der Digital Humanities.

---

[35]) www.woerterbuchnetz.de
[36]) Wolfgang Schadewaldt: Das Goethe-Wörterbuch. In: Jahrbuch der Goethe-Gesellschaft 11 (1949), S. 293–305.
[37]) www.tcdh.uni-trier.de

Im kommenden Jahr feiert die Hotz'sche und Gärtner'sche Idee ihr 25-jähriges Jubiläum. Ein Highlight wird dann die gemeinsam mit der Universität Luxemburg organisierte Ausrichtung der DHd2023 „Open Humanities, Open Culture", der größten Tagung im Bereich der digitalen Geisteswissenschaften im deutschsprachigen Raum, sein.

**Ausgewählte Publikationen**

Thomas Burch, Stefan Büdenbender, Kristina Fink, Vivien Friedrich, Patrick Heck, Wolfgang Lukas et al. (2016): Text[ge]schichten. Herausforderungen textgenetischen Edierens bei Arthur Schnitzler. In: Katharina Krüger, Elisabetta Mengaldo und Eckhard Schumacher (Ed.): Textgenese und digitales Edieren. Wolfgang Koeppens "Jugend" im Kontext der Editionsphilologie. editio 40. Berlin, p. 87–106.

Thomas Burch (2016): Die Sichtbarmachung der Gleichzeitigkeit. Von Arno Peters' Synchronoptischer Weltgeschichte zurück in die Zukunft zu Herodot. In: Alexandra Geissler und Matthias Schneider (Ed.): Zwischen artes liberales und artes digitales. Beiträge zur traditionellen und digitalen Geisteswissenschaft. Marburg, Tectum, p. 183–209.

Thomas Burch, Claudine Moulin, Andrea Rapp (Ed.) (2009): it – Information Technology. Schwerpunktthema: Informatik in den Geisteswissenschaften 51 (4). München.

Thomas Burch, Johannes Fournier, Kurt Gärtner, Andrea Rapp (Ed.) (2003): Standards und Methoden der Volltextdigitalisierung. Beiträge des internationalen Kolloquiums an der Universität Trier, 8./9. Oktober 2001. Stuttgart.

# #42 Schieffer, Björn[38]

Geboren am 20.04.1967 in Homburg/Saar. 1988-1991 Studium der Informatik und Mathematik an der Universität des Saarlandes. 1996 Promotion bei Günter Hotz über die Diagnose hybrider Systeme am Beispiel eines Tankballastsystems.

1998 beging ich durch die Ablehnung des Angebots eines Habilitations-Stipendiums so etwas wie wissenschaftlichen Selbstmord und wechselte in die Industrie. Im Jahr 2000 bot mir Pierre Guelen, der CEO von Planon an, die deutsche Tochter seines bis dato in den Niederlanden sehr erfolgreichen Unternehmens aufzubauen. Planon wurde laut meiner Frau zu meinem dritten Kinde. Dennoch gelang es mir im Jahre 2007, die Geschäftsführung abzugeben, um mich wieder mehr meinen beiden echten Kindern zu widmen. Der Wechsel in den Schuldienst an das Gymnasium am Stefansberg in Merzig stellte für mich einen radikalen Bruch dar und brachte mich endlich zurück zur Informatik, die ich im Management des europäischen Marktführers[39] für CAFM-Software (Computer-Aided Facility Management) durchaus vermisst hatte.

Meine postuniversitäre Literaturliste beschränkt sich auf ein einziges Fachbuch aus dem Jahre 2018, das ich als Lehrer geschrieben habe[40].

2024 nun wird das Schulfach Informatik im Saarland endlich von einem Wahlfach, das bisher leider immer nur einige Schülerinnen und Schüler „ausprobieren", zum Pflichtfach ab Klassenstufe 7 wechseln. Es bereitet mir derzeit sehr viel Freude, die dazu benötigten Lehrkräfte der saarländischen Gymnasien und Gemeinschaftsschulen als Dozent auf ihre spannende Tätigkeit vorzubereiten. Dies führt mich nun sehr oft, nicht nur im Günter-Hotz-Hörsaal, zurück zu meinen Wurzeln der Saarbrücker Informatik, die inzwischen durch die Saat von Günter Hotz ein enormes Wachstum erfahren durfte.

Die Größe des Einflusses von Lehrerinnen und Lehrer auf die Entwicklung junger Menschen ist mir erst spät bewusst geworden. Ich erschrecke noch immer, wenn

---

[38]) Meine Nummer empfinde ich selbstverständlich als große Ehre.

[39]) Ist es eine persönliche Beleidigung, dass Planon einige Jahre nach meinem Ausscheiden den ersehnten Sprung von der Nummer zwei der Welt auf den ersten Platz auch – oder gerade – ohne mich inzwischen geschafft hat?

[40]) Info – Ein einfacher Einstieg in den Aufbau und die Programmierung eines Computers, ISBN 978-3-746707-14-3

Student:innen ihre Studienwahl mit meinem Unterricht begründen. Darf ich so sehr in ihr Leben eingreifen? Als Trost empfinde ich, dass ich sicherlich von meinem Doktorvater gelernt habe, meinen Schüler:innen die nötigen Freiheiten zu lassen und ihnen das Vertrauen entgegen zu bringen, das sie für ihre Entwicklung benötigen. Meinen herzlichen Dank!

# #43 Scholl, Christoph

Geboren am 22.10.1967 in St. Ingbert. 1988-1993 Studium der Informatik und Elektrotechnik an der Universität des Saarlandes. 1997 Promotion bei Günter Hotz mit dem Thema „Mehrstufige Logiksynthese unter Ausnutzung funktionaler Eigenschaften". 2002 Habilitation an der Fakultät für Angewandte Wissenschaften der Albert-Ludwigs-Universität Freiburg. 1993 Wissenschaftlicher Mitarbeiter im Sonderforschungsbereich 124 „VLSI-Entwurfsmethoden und Parallelität" an der Universität des Saarlandes. 1993-1996 Stipendiat im Graduiertenkolleg „Effizienz und Komplexität von Algorithmen und Rechenanlagen". 1996-2002 Wissenschaftlicher Mitarbeiter bzw. Wissenschaftlicher Assistent (ab 1997) am Institut für Informatik der Albert-Ludwigs-Universität Freiburg. 2002-2003 Professor am Kirchhoff-Institut für Physik der Ruprecht-Karls-Universität Heidelberg. Seit 2003 Professor am Institut für Informatik der Albert-Ludwigs-Universität Freiburg.

**Ein Thema, das mich schon lange verfolgt:**
**Was schreibt man, wenn der Doktorvater 90 geworden ist**

... und man eingeladen wurde, einen Beitrag zu einer Festschrift zu verfassen? Die Frage ist wohl zu speziell, um bei einschlägigen Ratgebern fündig zu werden, und selbst Google liefert keine vernünftige Antwort.[41] Nichtsdestotrotz hätte sich im Geburtsjahr 1931 des Jubilars niemand auch nur im Entferntesten vorstellen können, wie tiefgreifend Suchmaschinen wie Google die wissenschaftliche Arbeit und die Informationsbeschaffung verändern würden – auch der Jubilar wohl nicht (zumindest zu diesem Zeitpunkt (noch)[42] nicht), auch wenn er definitiv für Visionen und weit vorausschauendes Denken bekannt ist.

Aber zurück zum Thema – bzw. zur Themenwahl. Über was könnte man schreiben?

- Über Gott und die Welt? Das Thema ist verbraucht – spätestens seit dem einleitenden Kapitel von Wolfgang Paul (#9) in seinem Teubner-Buch „Hardware-Design".

---

[41]) Bei Eingabe dieser Frage führt der erste Google-Treffer zu einem Artikel mit dem schönen Titel „Doktorarbeit schreiben lassen – Ghostwriter Dissertation" – also nicht wirklich hilfreich ...

[42]) Beispiel für Klammertiefe 2 in einer nicht-formalen Sprache.

- Über das eigene Lebenswerk? Das ist vielleicht noch etwas früh.
- Über das Lebenswerk des Jubilars? Das ist nun doch etwas zu umfangreich und die Entropie ist zu hoch, um es auf wenige Seiten komprimieren zu können.

Ich habe mich nun entschieden, einen komplett gegenteiligen Ansatz zu wählen und über ein kleines Thema zu berichten, das mich schon seit meinem Studium verfolgt und für mich immer wieder neu relevant wurde: die *formale Verifikation von Hardwareimplementierungen für Dividierer*.

**Wie alles begann**

Den Erstkontakt mit Dividierern – und übrigens auch den Erstkontakt mit meinem späteren Doktorvater – hatte ich im 5. Semester in einem Seminar zum Thema Fehlertoleranz, das von Joachim Hartmann (#36) betreut wurde. Mein Vortragsthema war der Entwurf und die Analyse eines fehlertoleranten Dividierers. Ich vermute, dass bei den meisten meiner Doktorgeschwister der Erstkontakt zu ihrem Doktorvater schon deutlich früher in einer der Anfängervorlesungen stattfand. Herr Hotz war sich nämlich nie zu schade, Anfängervorlesungen zu übernehmen – eine Tugend, die man auch heute noch dem ein oder anderen Kollegen durchaus wünschen würde. Nebenbei konnte er so die jungen aufstrebenden Talente, die ihm in der Vorlesung aufgefallen waren, direkt in die Arbeit an seinem Lehrstuhl einbinden. Ich kann hier ohne Selbstlob „junge aufstrebende Talente" schreiben – bei mir war es ja, wie oben schon erwähnt, anders ...

**Der Pentium-Bug**

Noch während ich dabei war, zu einem Thema im Bereich der Logiksynthese (das mich auch noch lange verfolgt hat, mittlerweile aber nicht mehr so sehr) zu promovieren, erregte 1994 ein technisches Thema in der Öffentlichkeit allgemeine Aufmerksamkeit: Intel hatte es geschafft, einen Fehler in den Pentium, den damals aktuellen Intel-Prozessor, einzubauen. Schon damals hatten Prozessoren eine hohe Komplexität. Der Pentium hatte 3,1 Millionen Transistoren (im Gegensatz zu einem modernen Intel Core i9, der geschätzt um einen Faktor von ca. 2000 mehr Transistoren aufweist). Ein Fehler im Fließkommadividierer des Prozessors führte dazu, dass die an Endverbraucher ausgelieferten Pentium-Prozessoren für bestimmte Operanden falsche Ergebnisse lieferten. Dies führte zu einer größeren Austauschaktion und einem gewissen Imageschaden für Intel, der der Firma aber offensichtlich nicht nachhaltig geschadet hat. Die Verbraucher sind bei Dividierern offensichtlich fehlertolerant bzw. tolerant gegenüber Fehlern.

Der Pentium-Bug hatte aber noch eine andere schöne Auswirkung: Er führte dazu, dass sich mehr Forscher (so auch ich) für das Thema der formalen Verifikation von Schaltungen und Systemen (mit dem Teilgebiet der Dividiererverifikation) zu interessieren begannen. Das Ziel besteht – im Spezialfall eines Dividierers – darin, mathematisch exakt nachzuweisen, dass der Entwurf eines konkreten Dividierers korrekt ist, d.h. dass der Dividierer für alle Kombinationen von Operanden das korrekte Ergebnis berechnet. Es ist klar, dass man bei heutigen Bitbreiten von 64 Bit den Nachweis schlecht durch Ausprobieren (Simulation) sämtlicher $2^{128}$ Eingabekombinationen führen kann. Es wurden in der Folge für bestimmte Dividiererarchitekturen erfolgreiche Lösungen mit Methoden des computergestützten, aber interaktiven Theorembeweisens gefunden. Diese Lösungen erfüllen aber nicht den Anspruch der vollständigen Automatisierung des Beweises. Eine vollständige Automatisierung von Korrektheitsbeweisen ist deshalb so wichtig, weil (1) eine Vielzahl verschiedener Architekturen für arithmetische Schaltungen wie Addierer, Multiplizierer und Dividierer vorgeschlagen wurde, die verschiedenen (teilweise gegensätzlichen) Entwurfszielen wie Geschwindigkeit, Energieverbrauch und Flächenverbrauch gerecht werden, (2) intensive Logikoptimierungen auf Gatterebene die verwendeten Entwürfe verändern und die Hierarchiegrenzen zwischen ihren Komponenten verwischen und (3) in größeren Schaltungsumgebungen die Propagation und Ausnutzung von Constraints hinsichtlich des Bereichs der möglichen Operanden der Arithmetikschaltungen zu Schaltungsoptimierungen führen können, die die Verifikation erschweren. Die Automatisierung der Verifikation ist insbesondere auch dann essentiell, wenn anwendungsspezifische Schaltungen mit Arithmetikanteil heute nicht nur von den großen Prozessoranbietern, sondern auch von diversen Anbietern von Hardware für eingebettete Systeme entworfen werden.

**Ein erster Ansatz**

Eine erste Idee zur Verifikation von kombinatorischen Schaltungen besteht darin, sie auf kanonische Darstellungen zurückzuführen. Angenommen, man hat eine Schaltkreisrealisierung $S_1$ einer Funktion $f : \{0,1\}^n \rightarrow \{0,1\}$, von der man bewiesen hat, dass sie mit Sicherheit korrekt ist, und eine Realisierung $S_2$, von der man dies erst noch nachweisen will. Da es nur eine einzige kanonische Darstellung der Funktion $f$ gibt, so genügt es zur Verifikation, $S_1$ und $S_2$ in diese kanonische Form zu bringen und die erhaltenen Darstellungen dann auf Gleichheit zu prüfen. Dabei sind aber zwei wesentliche Randbedingungen von Interesse, bei denen die erste unmittelbar klar ist, die zweite aber nicht weniger wichtig ist: Erstens muss die kanonische Darstellung von $f$ klein genug sein, um sie mit dem verfügbaren Speicherplatz im Rechner darstellen zu können, und zweitens müssen auch die Zwischendarstellungen bei der Übersetzung von $S_1$ und $S_2$ in ihre kanonische Form hinreichend kompakt sein.

Für Addierer hat sich beispielsweise herausgestellt, dass die sogenannten Binären Entscheidungsdiagramme bzw. Binary Decision Diagrams (BDDs) eine geeignete kanonische Form darstellen, auch für Addierer mit riesigen Bitbreiten. Leider funktioniert dieser Ansatz schon für Multiplizierer nicht mehr, da BDDs für den mittleren Multipliziererausgang exponentiell in der Bitbreite des Multiplizierers wachsen.

Betrachten wir nun der Einfachheit halber Multiplizierer bzw. Dividierer für positive ganze Zahlen. Ein Multiplizierer ist ein Schaltkreis mit je $n$ Eingangsbits für die beiden Faktoren $(a_{n-1}, \ldots, a_0)$ bzw. $(b_{n-1}, \ldots, b_0)$ und $2n$ Ausgangsbits $(p_{2n-1}, \ldots, p_0)$ für deren Produkt und hat die Eigenschaft, dass $(\sum_{i=0}^{n-1} a_i 2^i) \cdot (\sum_{i=0}^{n-1} b_i 2^i) = \sum_{i=0}^{2n-1} p_i 2^i$. Wenn man will, dann kann man einen ganzzahligen Multiplizierer als eine Funktion $m : \{0,1\}^{2n} \to \mathbb{Z}$ sehen, die jeder Eingabe $(a_{n-1}, \ldots, a_0, b_{n-1}, \ldots, b_0)$ den Wert $(\sum_{i=0}^{n-1} a_i 2^i) \cdot (\sum_{i=0}^{n-1} b_i 2^i)$ zuordnet. Für Multiplizierer konnte man nachweisen, dass eine gewisse Datenstruktur, die Binary Moment Diagrams (*BMDs), eine geeignete *kanonische* Darstellung für Funktionen mit ganzzahligem Wertebereich liefert, die die Funktion $m$ mit linearem Speicherplatzbedarf in der Größe von $n$ repräsentiert, und dass man außerdem unter gewissen Umständen den *BMD für einen gegebenen Multiplizierer effizient konstruieren kann und so die Verifikation erfolgreich durchführen kann [1].

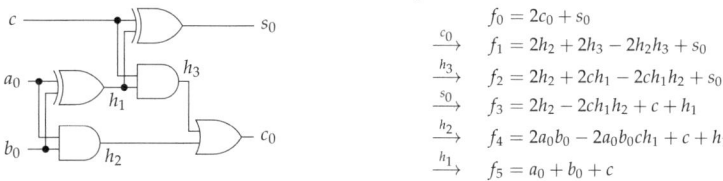

Abbildung 5: Konstruktion mit Ersetzungen von Gatterpolynomen.

In Abb. 5 ist diese Konstruktion für die kleine Schaltung eines sogenannten Volladdierers illustriert, der bei drei Eingangsbits $(a_0, b_0, c)$ die Ausgangsbits $(c_0, s_0)$ so berechnet, dass $a_0 + b_0 + c = 2c_0 + s_0$ gilt. Wenn man die Ausgangsbits $(c_0, s_0)$ also als Binärzahl interpretiert, dann repräsentiert der Volladdierer eine ganzzahlige Funktion $fa : \{0,1\}^3 \to \mathbb{Z}$ mit $fa(a_0, b_0, c) = a_0 + b_0 + c$. Man kann den *BMD für $fa$ konstruieren, indem man mit dem *BMD für die Funktion $f_0(c_0, s_0) = 2c_0 + s_0$ beginnt und schrittweise von den Ausgängen zu den Eingängen Variablen durch (*BMDs für) Gatterpolynome ersetzt. Das Odergatter, das $c_0$ berechnet, repräsentiert beispielsweise die Funktion $c_0 = h_2 + h_3 - h_2 h_3$, so das sich nach der ersten Ersetzung der Variablen $c_0$ ein *BMD für die Funktion $f_1(h_2, h_3, s_0) = 2h_2 + 2h_3 - 2h_2 h_3 + s_0$ ergibt. Am Ende der Konstruktion erhält man schließlich den *BMD für $f_5(a_0, b_0, c) = fa(a_0, b_0, c) = a_0 + b_0 + c$, womit bewiesen ist, dass der gegebene Schaltkreis wirklich wie gewünscht einen Volladdierer implementiert.

Ein Dividierer für positive ganze Zahlen hingegen ist ein Schaltkreis mit zwei Eingangsoperanden, dem Dividenden $(r_{2n-2}^{(0)} \ldots r_0^{(0)})$ mit Vorzeichenbit $r_{2n-2}^{(0)} = 0$ und Wert $R^{(0)} := \sum_{i=0}^{2n-2} r_i^{(0)} 2^i$ und dem Divisor $(d_{n-1} \ldots d_0)$ mit Vorzeichenbit

$d_{n-1} = 0$ und Wert $D := \sum_{i=0}^{n-1} d_i 2^i$. Es muss gelten $0 \leq R^{(0)} < D \cdot 2^{n-1}$.[43] Der Quotient der Division ist dann $(q_{n-1} \ldots q_0)$ mit Wert $Q := \sum_{i=0}^{n-1} q_i 2^i$, der Divisionsrest ist $(r_{2n-2} \ldots r_0)$ mit Wert $R := \sum_{i=0}^{2n-2} r_i 2^i$ und es muss gelten $R^{(0)} = Q \cdot D + R$ sowie $0 \leq R < D$. Auch die Berechnung des Quotienten kann man natürlich als eine Funktion $q$ mit binären Eingängen und ganzzahligen Ausgängen betrachten, die jedem binären Vektor $(r_{2n-2}^{(0)} \ldots r_0^{(0)}, d_{n-1} \ldots d_0)$ den ganzzahligen Wert $Q = \lfloor \frac{R^{(0)}}{D} \rfloor$ zuordnet (bzw. die Berechnung des Divisionsrestes als eine entsprechende Funktion $r$, die den ganzzahligen Wert $R = R^{(0)} - Q \cdot D$ zuordnet). Es liegt nahe, dass man ähnlich wie oben für die Multipliziererfunktion $m$ angedeutet die Dividiererverifikation zurückführt auf die Konstruktion von *BMDs für die Funktionen $q$ und $r$ aus dem entsprechenden Dividiererschaltkreis. Genau das haben wir natürlich auch versucht. Es hat aber nicht funktioniert, so sehr wir uns auch bemüht haben. Der Speicherbedarf für die *BMDs, die während der Konstruktion auftraten, ist für interessante Bitbreiten leider zu stark angewachsen.

### Was tut man, wenn man etwas nicht hinkriegt?

Man beweist, dass es nicht geht. Tatsächlich konnten wir in [5, 6] nachweisen, dass die Probleme nicht an unserem Ungeschick beim Aufbau der *BMDs für die Funktionen $q$ und $r$ lagen, sondern dass die kanonische (d.h. eindeutige) *BMD-Darstellung von $q$ bzw. $r$ selbst eine exponentielle Größe in $n$ hat. Zu der Zeit waren noch einige alternative kanonische Darstellungsformen im Einsatz (z.B. MTBDDs, EVBDDs, HDDs, K*BMDs etc.). Und damit auch niemand jemals nochmal auf die Idee kommen sollte, sich weiter mit dem Thema zu befassen, haben wir unsere exponentiellen unteren Schranken für den „generischen" Diagrammtyp der Word-Level Linear Combination Diagrams (WLCDs) bewiesen, in den sich alle bekannten Diagramme einbetten lassen, so dass automatisch exponentielle untere Größenschranken für WLCDs auch für die anderen Darstellungsformen gelten.

### Die guten Vorsätze

... hielten nicht lange. Man hätte denken können, dass sich nun das Thema erledigt hatte. Ich erinnere mich noch gut an einen Diplomanden, der im Vortrag zu

---

[43]) Wie im Fall des Multiplizierers, bei dem die Zahl der Produktbits doppelt so groß ist wie die Anzahl der Bits eines Faktors, wird hier der allgemeine Fall betrachtet, dass der Dividend doppelt so viele Bits wie der Divisor hat. Bei gleicher Länge von Dividend und Divisor ist einfach $r_{2n-2}^{(0)} = \ldots = r_{n-1}^{(0)} = 0$ und es muss nur $D > 0$ gelten (wodurch $0 \leq R^{(0)} < D \cdot 2^{n-1}$ impliziert wird).

**Algorithmus 1** Non-restoring Division.
1: $R^{(1)} := R^{(0)} - D \cdot 2^{n-1}$; if $R^{(1)} < 0$ then $q_{n-1} := 0$ else $q_{n-1} := 1$;
2: for $i = 2$ to $n$ do
3:     if $R^{(j-1)} \geq 0$ then $R^{(j)} := R^{(j-1)} - D \cdot 2^{n-j}$ else $R^{(j)} := R^{(j-1)} + D \cdot 2^{n-j}$;
4:     if $R^{(j)} < 0$ then $q_{n-j} := 0$ else $q_{n-j} := 1$;
5: $R := R^{(n)} + (1 - q_0) \cdot D$;

seiner Diplomarbeit über die Verifikation von Dividierern, die ich dann trotzdem vergeben hatte, anmerkte: „Man muss schon stur sein, wenn man dann noch weitermacht." Die Idee, die wir dann verfolgten, war eigentlich naheliegend: Man ist ja nicht gezwungen, bei der oben skizzierten Konstruktion zum Rückwärtsaufbau von *BMDs mit der Interpretation des Quotienten als Binärzahl $\sum_{i=0}^{n-1} q_i 2^i$ anzufangen. Man kann beispielsweise auch mit dem „Probeschaltkreis" für $Q \cdot D + R$ anfangen (oder gleich mit einem *BMD, der $Q \cdot D + R$ repräsentiert). Der Dividierer ist genau dann korrekt, wenn sich nach dem Rückwärtseinsetzen ein *BMD für den Dividenden $R^{(0)}$ ergibt.

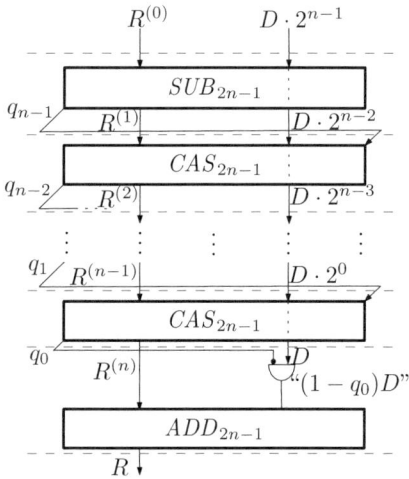

Abbildung 6: Schaltkreis.

Betrachten wir zur Illustration einmal eine ganz einfache Dividiererarchitektur, die fast komplett mit der aus der Schule bekannten schriftlichen Division übereinstimmt, die sogenannte „non-restoring" Division, siehe Algorithmus 1. Die Schulmethode subtrahiert in jedem der $n$ Schritte vom aktuellen Partialrest $R^{(j-1)}$ „probeweise" eine geshiftete Version von $D$, setzt das Quotientenbit $q_{n-j}$ auf 1, wenn der resultierende Partialrest $R^{(j)}$ größer gleich 0 ist, und auf 0, wenn $R^{(j)}$ kleiner 0 ist. Im letzten Fall wird das probeweise Subtrahieren des geshifteten $D$ durch Rückaddition wieder rückgängig gemacht. Die *non-restoring* Division fasst im Fall eines negativen Partialrestes lediglich zwei Schritte der Schulmethode zusammen: Anstatt das geshiftete $D$ zurückzuaddieren und danach das nächste, um eine Position weniger geshiftete $D$ probeweise zu subtrahieren, wird einfach das um eine Position weniger geshiftete $D$ gleich addiert, da ja offensichtlich $(R^{(j-1)} + D \cdot 2^{n-j+1}) - D \cdot 2^{n-j} = R^{(j-1)} + D \cdot 2^{n-j}$ gilt. Ein entsprechender Schaltkreis für die non-restoring Division ist in Abb. 6 skizziert. Die obere Stufe implementiert einen Subtrahierer, die untere einen Addierer für die Rückaddition und die Stufen dazwischen kombinierte Addierer/Subtrahierer, die je nach Quotientenbit addieren oder subtrahieren.

Aus Algorithmus 1 entnimmt man leicht, dass gilt: $R = R^{(n)} + (1 - q_0) \cdot D$, $R^{(j)} = R^{(j-1)} + (1 - 2q_{n-j+1})(D \cdot 2^{n-j})$ für $j = n, \ldots, 2$ und $R^{(1)} = R^{(0)} - D \cdot 2^{n-1}$. Fängt man also unten mit einem *BMD für $(\sum_{i=0}^{n-1} q_i 2^i) \cdot D + R$ an und führt die skizzierte Konstruktion zum Rückwärtsaufbau von *BMDs im Schaltkreis gemäß Abb. 6 von unten nach oben durch, dann erhält man auf den in der Abbildung angedeuteten Schnitten nacheinander *BMDs für $(\sum_{i=1}^{n-1} q_i 2^i + 2^0) \cdot D + R^{(n)}$, $(\sum_{i=2}^{n-1} q_i 2^i + 2^1) \cdot D + R^{(n-1)}$, ..., $(\sum_{i=n-1}^{n-1} q_i 2^i + 2^{n-2}) \cdot D + R^{(2)}$, $2^{n-1} \cdot D + R^{(1)}$ und schließlich für $R^{(0)}$. Diese *BMDs sind klein. Und trotzdem hat die Methode nicht funktioniert. Auch wenn die Rückwärtskonstruktion wirklich genau die eingezeichneten Schnitte trifft, beobachtet man bei den *BMDs zwischen den Schnitten einen riesigen Speicherplatzbedarf. Wir hatten noch die Idee, dass man die Größe von *BMDs unter „don't-care-Bedingungen" minimieren könnte, aber das war dann eher nur noch ein Rückzugsgefecht [7].

**Alter Wein in neuen Schläuchen**

In der Folgezeit war es lange ruhig um das Thema geworden. Bis die Verifikation mit Hilfe von kanonischen Darstellungen so intensiv in Vergessenheit geraten war, dass sie wieder interessant werden konnte. In den letzten zehn Jahren waren vermehrt Arbeiten zu beobachten, die sich mit vollautomatischer Arithmetikverifikation mittels kanonischer Darstellungen befassen. Nur geht es jetzt bei den kanonischen Darstellungen nicht mehr um Entscheidungsdiagramme wie *BMDs, sondern um Boolesche Polynome. Es ist leicht zu sehen, dass es zu jeder Funktion $f : \{0,1\}^n \to \mathbb{Z}$ (bis auf Umordnen der Terme etc.) *genau ein* Polynom in $n$ Variablen und Koeffizienten aus $\mathbb{Z}$ gibt, d.h. Polynome sind kanonische Darstellungen von Funktionen $f : \{0,1\}^n \to \mathbb{Z}$. Wählt man die Koeffizienten der Polynome aus einem endlichen Körper, dann kann man beispielsweise statt ganzzahligen Multiplizierern auch Multiplizierer in einem endlichen Körper verifizieren [2], wählt man die Koeffizienten aus einem Restklassenring, dann kann man auch Multiplizierer in einem Restklassenring verifizieren [4].

Aber zurück zu ganzzahligen Multiplizierern (und Dividierern). Auch bei der Verifikation von ganzzahligen Multiplizierern mit *BMDs gemäß [1] war nicht alles Gold, was glänzt. Auch wenn bei einem fehlerfreien Multiplizierer mit der Konstruktion aus [1] der abschließende *BMD klein ist, war die Erfahrung in der Praxis, dass die Verifikation nur bei bestimmten Multipliziererarchitekturen funktionierte und überhaupt nicht funktionierte, wenn der Schaltkreis nach dem Entwurf noch mit Logiksyntheseoperationen behandelt wurde. Mit neueren Arbeiten hingegen lässt sich basierend auf Booleschen Polynomen ein weites Spektrum an verschiedenen und optimierten Multipliziererarchitekturen verifizieren [3]. Das überrascht insofern, als der Zusammenhang zwischen Booleschen Polynomen und *BMDs einfach ist: *BMDs gehen durch Faktorisierung und Mehrfachverwendung identischer Teilpolynome aus Booleschen Polynomen hervor, d.h. zu jedem Booleschen Polynom gibt es einen höchstens kleineren *BMD, der die gleiche Funktion repräsentiert. Obwohl *BMDs prinzipiell kompakter sind als Boolesche Polynome, sind Boolesche Polynome jedoch einfacher und flexibler zu handhaben und eröffnen feingranulare und lokale Optimierungsmöglichkeiten. Hier zeigt sich also, dass manchmal weniger mehr ist.

Man kann die Arithmetikverifikation mit Booleschen Polynomen übrigens auch beschreiben als Test, ob das Spezifikationspolynom in einem Ideal enthalten ist, das (u.a.) durch die Gatterpolynome des Schaltkreises als Gröbnerbasis erzeugt wird (eine Darstellung, die dem Jubilar vielleicht sogar besser gefallen hätte). Im Fall von ganzzahliger Arithmetik reduzieren sich die bei diesem Test durchgeführten Divisionen durch Elemente der Gröbnerbasis aber am Ende doch wieder auf Ersetzungen von Variablen durch Gatterpolynome gemäß dem schon skizzierten Verfahren zum Rückwärtseinsetzen.

Es dürfte nicht verwundern, dass ich mich nun nach längerer Pause wieder für die Verifikation von Dividierern zu interessieren begann. Diesmal mit Booleschen Polynomen statt *BMDs als Datenstruktur. Wir starteten statt mit einem *BMD für $Q \cdot D + R$ mit dem entsprechenden Booleschen Polynom und führten die Rückwärtsersetzungen von Variablen durch Boolesche Polynome nun direkt auf Booleschen Polynomen statt auf *BMDs durch. Zur Illustration kann wieder Abb. 5 dienen, da in der Abbildung ohnehin nur die Booleschen Polynome und nicht die entsprechenden *BMDs angegeben sind. Und tatsächlich – es funktionierte wieder nicht.

Jetzt konnten wir aber schon bei der einfachen Dividiererarchitektur aus Abb. 6 nachweisen, dass tatsächlich in Zwischenschritten exponentiell große Boolesche Polynome auftreten *müssen*, obwohl man annehmen sollte, dass die Polynome auf den Schnitten von Abb. 6 (wie oben schon angedeutet) nur eine quadratische Größe haben. Die entscheidende Beobachtung, die dies erklärt, besteht darin, dass die Addierer/Subtrahierer der einzelnen Stufen keine echten Addierer/Subtrahierer sind. Echte Addierer/Subtrahierer liefern bei zwei $n$-Bit-Operanden ein Ergebnis der Länge $n + 1$. In der tatsächlichen Schaltung stellt sich aber heraus, dass nicht Stufe für Stufe ein führendes Bit mehr berechnet wird, sondern sogar ein Bit weniger. Dass dies trotzdem korrekt ist, sieht man wie folgt: Man kann per Induktion aus der Anfangsbedingung $0 \leq R^{(0)} < D \cdot 2^{n-1}$ und dem Aufbau des Dividierers schließen, dass sich die Partialreste $R^{(j)}$ mit $2n - j$ Bit ($r^{(j)}_{2n-j-1} \ldots r^{(j)}_0$) darstellen lassen. Da nun aber bekannt ist, dass $R^{(j+1)}$ durch ein Bit weniger repräsentiert werden kann, muss $r^{(j+1)}_{2n-j-1}$ nicht berechnet werden und daher muss das führende Bit $r^{(j)}_{2n-j-1}$ von $R^{(j)}$ auch nicht als Eingang der Addierer/Subtrahierer-Stufe zur Berechnung von $R^{(j+1)}$ verwendet werden. Da man $r^{(j)}_{2n-j-1}$ auch zur Berechnung von $q_{n-j}$ nicht wirklich braucht, muss auch schon $r^{(j)}_{2n-j-1}$ nicht berechnet werden. Dies bedeutet, dass die Zusammenhänge, die man für die Polynome auf den Schnitten in Abb. 6 durch die obige High-Level-Analyse hergeleitet hat, durch Detailoptimierungen in der tatsächlichen Schaltung überhaupt nicht gelten. Das ist auch der tiefere Grund, warum sowohl die Verifikation mit *BMDs als auch mit Booleschen Polynomen schiefgehen musste.

**Wenn wir jetzt aufgegeben hätten,**

... wäre die Geschichte wirklich zu Ende. Das haben wir aber nicht. Anhand der obigen Argumentation sieht man, dass sich die Korrektheit des gezeigten non-restoring Dividierers nicht erklären lässt, wenn man eingeschränkte Wertebereiche für die Partialreste $R^{(j)}$ unberücksichtigt lässt, die sich aus der Anfangsbedingung $0 \leq R^{(0)} < D \cdot 2^{n-1}$ an die Eingänge und aus dem Aufbau des Schaltkreises ergeben. Man stellt fest, dass bestimmte Kombinationen von Signalbelegungen im Schaltkreis aus den genannten Gründen nicht auftreten können. Die betreffenden Kombinationen von Signalbelegungen nennt man auch don't cares. Diese don't cares kann man nun ausnutzen, um die bei der Rückwärtskonstruktion auftretenden Polynome zu optimieren. Die Idee ist also, bei der Rückwärtskonstruktion Informationen zu nutzen, die man durch „Vorwärtspropagation" von Constraints im Schaltkreis erhalten hat. Tut man dies nicht, so muss die Methode beweisbar scheitern.

Abschließend möchte ich die Idee der Optimierung von Polynomen mit don't-care-Bedingungen noch an einem kleinen Beispiel erläutern. Betrachten wir das Polynom $P(a,b,c) = 1 - a - b - c + 2ab + 2ac + 2bc - 4abc$ und nehmen wir an, dass die Belegungen $(0,1,1)$ und $(1,0,0)$ der Eingangsvariablen $(a,b,c)$ nicht vorkommen können. Wir wählen nun für jedes don't care eine neue ganzzahlige Variable, z.B. $v_1$ für $(0,1,1)$ und $v_2$ für $(1,0,0)$. Nun können wir $v_1(1-a)bc$ und $v_2a(1-b)(1-c)$ zu $P$ hinzuaddieren, ohne den Wert von $P$ auf den Eingangsbelegungen, die vorkommen können, zu ändern. Formt man nun $P$ etwas um, so erhält man $1 + (v_2 - 1)a - b - c + (2 - v_2)ab + (2 - v_2)ac + (2 + v_1)bc + (v_2 - v_1 - 4)abc$. Unser Ziel ist es nun, die Belegung der ganzzahligen Variablen $v_1$ und $v_2$ so zu wählen, dass der Faktor vor einer maximalen Anzahl von Termen 0 wird, so dass diese also wegfallen. Es ist leicht zu sehen, dass sich diese Problemstellung auf ganzzahliges Programmieren (ILP) reduzieren lässt. Für ILP-Probleme gibt es einige hervorragende Solver. Eine optimale Lösung im vorliegenden Beispiel ergibt $v_1 = -2$ und $v_2 = 2$, so dass sich das optimierte Polynom $P(a,b,c) = 1 + a - b - c$ ergibt.

Basierend auf diesen Ideen ist es uns nun in [8, 9] tatsächlich gelungen, beispielsweise den Dividierer aus Abb. 6 zu verifizieren. Große optimierte Dividierer mit Bitbreiten bis $n = 512$ und über 1,5 Millionen Gattern konnten in etwas über 2,5 CPU-Stunden verifiziert werden.

**Geht es jetzt immer noch weiter?**

Na klar. Mit jeder neuen Erkenntnis ergibt sich eine neue Fragestellung. Leider haben wissenschaftliche Arbeiten die Tendenz, die Resultate immer so darzustellen, als wären nun alle Probleme gelöst (zumindest bis zur nächsten Veröffentlichung). Das ist nicht wirklich schön. Ein ganz klein wenig muss man bei diesem Spiel auch mitmachen, sonst werden die Veröffentlichungen nicht akzeptiert. Nichtsdestotrotz sehe ich mit Spannung neuen Herausforderungen auf dem Gebiet der Arithmetikverifikation entgegen.

**(Fast) nur Selbstzitate**

[1] K. Hamaguchi, A. Morita, and S. Yajima. Efficient construction of binary moment diagrams for verifying arithmetic circuits. In *International Conference on Computer-Aided Design*, pages 78–82, 1995.

[2] J. Lv, P. Kalla, and F. Enescu. Efficient Gröbner basis reductions for formal verification of galois field arithmetic circuits. *IEEE Trans. Comput. Aided Des. Integr. Circuits Syst.*, 32(9):1409–1420, 2013.

[3] A. Mahzoon, D. Große, C. Scholl, and R. Drechsler. Towards formal verification of optimized and industrial multipliers. In *Design, Automation and Test in Europe*, pages 544–549. IEEE, 2020.

[4] A. Mahzoon, D. Große, C. Scholl, A. Konrad, and R. Drechsler. Formal verification of modular multipliers using symbolic computer algebra and boolean satisfiability. In *Design Automation Conf.* IEEE, 2022.

[5] C. Scholl, B. Becker, and T. Weis. On WLCDs and the complexity of wordlevel decision diagrams — a lower bound for division. *Formal Methods in System Design: An International Journal*, 20(3):311–326, 2002.

[6] C. Scholl, B. Becker, and T.M.Weis.Word-level decision diagrams, WLCDs and division. In *International Conference on Computer-Aided Design*, pages 672–677, 1998.

[7] C. Scholl, M. Herbstritt, and B. Becker. Exploiting don't cares to minimize *BMDs. In *IEEE International Symposium on Circuits and Systems*, pages 191–194. IEEE, 2001.

[8] C. Scholl and A. Konrad. Symbolic computer algebra and SAT based information forwarding for fully automatic divider verification. In *Design Automation Conf.*, pages 1–6. IEEE, 2020.

[9] C. Scholl, A. Konrad, A. Mahzoon, D. Große, and R. Drechsler. Verifying dividers using symbolic computer algebra and don't care optimization. In *Design, Automation and Test in Europe*, pages 1110–1115. IEEE, 2021.

## #44 Follert, Frank

Geboren 1969 in Saarlouis. 1989-1994 Studium der Informatik mit Nebenfach Physik an der Universität des Saarlandes. 1994-1997 Stipendiat des Graduiertenkollegs „Effizienz und Komplexität von Algorithmen und Rechenanlagen". 1998 Promotion bei Prof. Günter Hotz mit einem Dissertationsthema aus der Algorithmischen Geometrie. 1997-2008 Unternehmensberater bei Accenture, zuletzt als Manager im Bereich Systems Integration & Technology. Management international ausgerichteter IT-Projekte in den Branchen Banken, Versicherungen, Telekommunikation und Hightech. Seit 2008 Unternehmensarchitekt der Fraport AG. Weiterentwicklung der konzernweiten IT-Architektur und IT-Strategie mit den Schwerpunkten Enterprise Architecture, innovative Technologien, digitale Transformation, Cloud-Strategie, IT-Sourcing-Strategie, IT für internationale Tochtergesellschaften. Mitarbeit im EU-Forschungsprojekt SESAR (Single European Sky Air Traffic Management Research) zur Vereinheitlichung des europäischen Luftraums. 2008-2009 Lehrbeauftragter an der FH Frankfurt am Main.

## #45 Chadzelek, Thomas

Geboren am 29.03.1969 in Völklingen/Saar. Von 1988 bis 1995 Studium der Informatik und Mathematik an der Universität des Saarlandes. 1999 Promotion bei Günter Hotz mit einer Arbeit zur Berechenbarkeit über den rationalen und reellen Zahlen („Analytische Maschinen"). Seit 1999 bei SAP Retail Solutions, heute SAP SE, als Softwareentwickler, heute Development Architect.

Es freut mich sehr, dass ich zu meiner Zeit am Lehrstuhl Hotz viele andere „wissenschaftliche Geschwister" kennen gelernt habe: Uwe Sparmann (#34), Joachim Hartmann (#36) und Gisela Pitsch (#38) nur aus der Ferne; mit Thomas Burch (#41), Björn Schieffer (#42), Christoph Scholl (#43), Frank Follert (#44), Jens Eckstein (#47), Frank Schulz (#46), Bin Zhu (#49), Alexander Gamkrelidze (#50) und Jörg Sauer (#51) hatte ich mehr zu tun. Elmar Schömer (#40) schließlich hat mich bei meiner Diplomarbeit betreut und auch davor und danach unterstützt.

Auf Jürgen Sellens (#35) Promotionsfeier – ich erinnere mich noch gut, es war ein Donnerstag – kam Wolfgang Paul (#9) auf mich zu und fragte, ob ich nicht am Sonntag für Ferri Abolhassan an einem Jedermann-Radrennen in den Dolomiten teilnehmen wolle. Der hatte einen Startplatz, war aber leider kurzfristig erkrankt. Ich zögerte kurz, weil ich mit meinem Bruder für Freitag eine 200 km-Tour durch Frankreich verabredet hatte, sagte dann aber zu und machte beides. Samstag saß ich mit schweren Beinen neben Wolfgang im Auto, Sonntag haben wir dann die große Runde über 7 Dolomitenpässe absolviert: die *Maratona dles Dolomites*, die ich in der Folge noch mehr als ein Dutzend Mal absolviert habe und mit der ich viele Erinnerungen verbinde. Er war gesundheitlich angeschlagen, daher war das Tempo verhältnismäßig zahm und ich konnte meine erste Bergtour genießen. Bei anderen gemeinsamen Touren war das anders, einmal sind wir 150 km im Saarland mit einem 33er-Schnitt gerast. Überhaupt war der Lehrstuhl damals recht radbegeistert. Gemeinsam haben wir Bernd Becker (#23) in Freiburg per Rad besucht (250 km in 2 Tagen) und Reiner Kolla (#28) in Würzburg (300 km in 3 Tagen). Ich bin jeweils mit einem Kommilitonen an einem Tag zurück.

Nach dem Abschluss des Studiums hatte ich mich bei Jan Messerschmidt (#21, DIaLOGIKa) und Hans Georg Osthof (#33, Hauffe-Verlag) beworben, mich aber dann für SAP entschieden, wo ich mit Frank Weigel aus der Arbeitsgruppe von Reiner Marzinkewitsch (#32) zusammen gearbeitet habe und vor allem mit Armin Reichert, den ich vom Lehrstuhl kannte. Der mathematische Ansatz der Saarbrücker Informatik hat mich geprägt; ich habe mit großem Vergnügen einst Dyck-Wörter als Vorbild für einen online-Algorithmus zur Ausgabe von „minimalen" JSON-Deltas benutzt. Und obwohl ich über die Jahre an einigen Softwarepatenten beteiligt war, bin ich heute stolz darauf, an Open Source Software mit zu entwickeln (openui5.org). Ich konnte mir früher gar nicht vorstellen, dass Linus Torvalds dafür bezahlt wird...

# #46 Schulz, Frank

Geboren am 10.10.1969 in Saarbrücken. 1990-1995 Studium der Informatik mit Nebenfach Mathematik an der Universität des Saarlandes. 1999 Promotion.

Vom ersten Studientag[44] an durfte ich Günter Hotz erleben. In besonders guter Erinnerung ist mir seine Freude daran, immer wieder zwischen unterschiedlichsten Gebieten eine Verbindung herzustellen und auf die gemeinsam zugrundeliegende mathematische Fragestellung zu abstrahieren.

Bei der Suche nach einem Thema für die Diplomarbeit klopfte ich im Frühjahr 1994 bei Prof. Hotz an. Zu meinem Erstaunen erzählte er von einem Strandspaziergang auf Norderney im Küstennebel. Die Orientierung war nur anhand von Pfosten am Strand möglich, wobei der nächste Pfosten nicht unmittelbar sichtbar war, sondern erst gesucht werden musste. Die Suche sollte aber nicht beliebig durchgeführt werden, sondern ist am Vielversprechendsten in Verlängerung des bisherigen Weges. Dies führte zu Suchproblemen bei Informationsquellen mit Gedächtnis und zum Thema meiner Diplomarbeit mit der Analyse von Online-Algorithmen bei Markovketten.

In der Folge bot mir Günter Hotz die Fortsetzung der Arbeiten im Rahmen einer Promotion an, was ich sehr gerne annahm. Als Ergebnis sind unter anderem verschiedene neue Klassen von Online-Algorithmen entstanden und eine Analyse von Bäumen mit unterschiedlichen Kantenlängen unter Verwendung eines erweiterten Entropie-Begriffs. Prof. Hotz verstand es sehr gut, am Lehrstuhl eine Atmosphäre der kreativen Neugier zu schaffen, die durch viel persönlichen Freiraum bei der Arbeit und gleichzeitig entscheidende Impulse bei intensivem Austausch geprägt war. Thematisch passend zur Promotion konnte ich im Wintersemester 1996/97 bei der Vorlesung „Algorithmische Informationstheorie" assistieren.

Im Anschluss an die Dissertation trat ich 1999 bei SAP in Walldorf eine Stelle in der Software-Entwicklung an. Die Möglichkeit zu einer forschungsnäheren Tätigkeit führte zu SAP Research nach Karlsruhe, wo ich als Projektleiter und Koordinator von mehreren BMBF- und EU-Projekten im Einsatz war.

---

[44]) Günter Hotz. *Algorithmen, Sprachen und Komplexität, Festvortrag zur Eröffnung des Wintersemesters 1990/91*. Saarbrücker Universitätsreden, Band 32, 1990.

Der Wunsch nach einem Engagement in der Lehre brachte mich ab 2010 als nebenberuflichen Dozent an die Duale Hochschule Baden-Württemberg (DHBW) in Mannheim und seit 2017 auch an die SRH Hochschule Heidelberg. Der thematische Schwerpunkt „Data Engineering" liegt dabei an der Schnittstelle zwischen Data Science und Software Engineering. Neben drei jährlichen Vorlesungen konnte ich in diesem Rahmen inzwischen über 15 Bachelor-Arbeiten und 30 Master-Arbeiten betreuen. Dabei begleitet mich immer wieder die Denkweise und Herangehensweise von Günter Hotz.

**#47 Eckstein, Jens**

[45]1990-1995 Studium der Informatik an der Universität des Saarlandes. 1999 Promotion bei Günter Hotz mit einem Thema zu echtzeitfähiger Kollisionserkennung. Von 1995-1998 wissenschaftlicher Mitarbeiter bei DaimlerChrysler. Seit 1998 Mitarbeiter bei der Siemens AG. Seit 2011 dort Direktor des Bereiches *Corporate Strategies*.

---

[45]) Daten wurden im Internet recherchiert

## #48 Buck, Matthias

Geboren am 06.04.1960 in Stuttgart, 1982-1988 Studium der Elektrotechnik an der Universität Stuttgart. Seit 1988 Wissenschaftlicher Mitarbeiter am Daimler-Benz Forschungsinstitut in Ulm. 1999 berufsbegleitende Promotion bei Günter Hotz mit einem Dissertationsthema zur Simulation interaktiv bewegter Objekte mit Hinderniskontakten. 1993-1994 Forschungsaufenthalt am MIT bei Tomaso Poggio. 1997-2002 Lehrbeauftragter an der Fachhochschule Ulm zum Thema „Virtuelle Realität". Konzeption und Entwicklung von Softwarelösungen im Themenfeld „Virtuelle Realität", Mitaufbau des „Virtual Reality Competence Center" am Daimler Forschungszentrum in Ulm. Seit 2008 Manager bei der Daimler Protics GmbH in Ulm. Konzeption und Realisierung von Softwarelösungen zur Simulation und Analyse von Montageprozessen in der Fahrzeugentwicklung und Produktions-vorbereitung.

## #49 Zhu, Bin

Geboren am 16.04.1957 in Beijing, China. 03.1978–01.1982 Bachelorstudium der Mathematik an der Universität für Post und Telekommunikation Nanjing (NUPT), China. 02.1982–07.1984 Lehrassistent am Lehrstuhl für Schaltkreistheorie an der NUPT. 08.1984–01.1987 Masterstudium *Schalkreise und Systeme* an der Universität Xidian, Xian, China. 02.1987–03.1988 Wissenschaftlicher Mitarbeiter, 04.1988–12.1992 Dozent und 01.1993–09.1993 Associate Professor am Lehrstuhl für *Electronic Design Automation* an der NUPT. 10.1993–09.1994 Gastwissenschaftler und 10.1994–03.2000 Wissenschaftlicher Mitarbeiter am Lehrstuhl Prof. Dr. Günter Hotz[46].

---

[46]) Das in der Zeit aufgenommene Foto zeigt Günter Hotz als erfolgreichen Wissenschaftsnetzwerker: Familie Hotz (links hinten) empfängt zuhause Familie Li Wei (rechts im Bild; vorne die Frau von Bin Zhu, der fotografiert). Li Wei ist ein in China einflussreicher Informatiker.

02.2000 Promotion bei Günter Hotz mit einem Dissertationsthema zur formalen Synthese und Verifikation von Schaltkreisen basierend auf einen algebraischen Netzkalkül. 04.2000–07.2001 Softwareingenieur bei SoftXEL Information Technologies GmbH in Mönchengladbach. 08.2001–03.2013 Senior Softwareingenieur und Projektleiter bei infor Global Solutions in Friedrichsthal, Saarland. Seit 04.2013 Mitgründer und CTO der Firma Lyouu Information Business GmbH in Saarbrücken. F&E-Bereich Big Data und Künstliche Intelligenz mit Fokus auf Smart Gesundheitswesen.

## #50 Gamkrelidze, Alexander

Geb. am 21.09.1970 in Tbilissi, Georgien, studierte und promovierte ich in Informatik in den Jahren 1992-2001 am Lehrstuhl von Prof. Dr. Dr. h.c. mult. Günter Hotz in Saarbrücken mit den Themen „Entwurf eines booleschen Sortiernetzes mit der Struktur eines n-dimensionalen Würfels" (Diplom) und „Einige Optimierungsmethoden hierarchisch definierter Schaltkreise" (Dissertation).

Wissenschaftlicher Mitarbeiter an der Universität des Saarlandes im Sonderforschungsbereich 124 „VLSI-Entwurfsmethoden und Parallelität" und am Max-Planck-Institut für Informatik.

Ab 2002 am I. Vekua Institut für angewandte Mathematik und Fachrichtung Mathematik der I.Javakhishvili Staatsuniversität Tbilissi, Georgien tätig. Seit 2006 Assistenzprofessor, ab 2008 ord. Professor am Lehrstuhl für theoretische Informatik.

**Forschungsinteressen:** Effiziente Algorithmen im VLSI Entwurf, niedrigdimensionaler Topologie, algebraischer Topologie und deren Anwendungen.

„Da die Welt eine Kugel ist, kann man jeden Punkt als ihr Zentrum betrachten, und zwar dort, wo Sie gerade sind"

– Günter Hotz

**Eine Schatztruhe voller Ideen**

Inspiriert durch die „Wissenschaft der Zwanzigjährigen", der Quantenmechanik, hat Herr Hotz immer junge Leute gefördert und auf den Weg der spannenden Wissenschaft gebracht. Ich hatte das Glück, nach dem Fall des Eisernen Vorhangs nach Deutschland zu kommen und durch die Städtepartnerschaft Tbilissi-Saarbrücken (und derer Universitäten) am Lehrstuhl Hotz zu landen. Die Zusammenarbeit und Kommunikation mit Herrn Hotz, die jetzt schon über drei Jahrzehnte zählt, hat mein ganzes (nicht nur wissenschaftlich-pädagogisches) Leben geprägt: Die Art, mit der Herr Hotz mit seinen Studenten, Assistenten und Mitarbeitern kommunizierte, wissenschaftliche Diskussionen am Lehrstuhl oder während der zahlreichen traditionellen Wanderungen oder Spaziergängen durch den Saarbrücker Stadtwald am Campus führte, neue Ideen einbrachte, haben eine bedeutende Spur hinterlassen.

Bei einer der traditionellen Wanderung erklärte Herr Hotz den berühmten topologischen Fixpunktsatz sehr anschaulich: „Wenn sie nach einer Landkarte der Umgebung wandern, diese auf den Boden werfen und mit einer Nadel die Stelle durchstechen, wo sie grade sind, sticht die Nadel genau diese Stelle auf der Erde". Und gleich danach folgte der Fixpunktsatz von Kleene.

Die Begabung, in alltäglichen Sachen wissenschaftliche Momente zu erkennen und dadurch ganze Forschungsprojekte zu entwickeln (wie z.B. bei einem Spaziergang durch einen Weihnachtsmarkt, was ein Projekt zur Montagesimulation als Ergebnis hatte), hat mich immer begeistert. Vor Allem war mein Eindruck, daß bei Herrn Hotz die Topologie immer eine bedeutende Rolle spielte, und das Jahre vor der Entwicklung der Computertopologischer Theorien. Wahrscheinlich war das einer der Gründe, warum ich nach der Rückkehr nach Georgien meinen Schwerpunkt auch auf topologische Fragestellungen verlegte.

In Saarbrücken aber war das System CADIC, was mich richtig begeisterte (das ja auch einen großen Teil an Topologie beinhaltete). Wie man später gesehen hat, war das System seiner Zeit weit voraus: Erst nach mindestens zehn oder fünfzehn Jahren baute man ähnliche Ideen in kommerzielle Systeme ein.

Überhaupt war die Kommunikation mit Herrn Hotz, wie an einer Schatztruhe voller Ideen zu stehen. Selbst alte Ideen traten aus neuer Sicht, unter völlig anderem Blickwinkel, mit unerwarteten Anwendungsmöglichkeiten hervor. So ist auch 2016 unsere gemeinsame Publikation über Graphinvarianten zustandegekommen, in dem das Isomorphieproblem für bisher als schwierig bis unmöglich gehaltene Fälle, u.a. der Blockplan-Graphen, nämlich für sog. Miyazaki-Graphen und Graphen der projektiven Geometrie, effizient gelöst wurde.

Basierend auf der alten Idee der Arkadenfadenlagen-Darstellung der Knoten (diskutiert während eines Spazierganges durch den Saarbrücker Stadtwald am Campus) wurde auf dem Gebiet der niedrigdimensionalen Topologie ein expliziter Algorithmus zur holonomischen Darstellung der Knoten entwickelt (was u.a. Anwendung in der Genetik findet und den ersten konstruktiven Beweis des berühmten Satzes von Vassiliev darstellt), und später auch zur Berechnungsidee des Kontsevichintegrals führte (was seinerseits zur Berechnung der sog. Universalinvarianten für Knoten, der Vassiliev-Invarianten in der Algebra der Chordendiagramme benutzt wird).

Noch ein Thema der Topologie, von dem ich Herrn Hotz berichten durfte, ist die Berechnung der Strukturen, die wir Affine Hom-Komplexe nennen. Dabei handelt es sich um eine Verallgemeinerung der Homologietheorie simplizialer Komplexe, die im vorigen Jahrhundert von Laszlo Lovasz zur Erforschung der unteren Schranken der chromatischen Zahl von Graphen erfolgreich eingeführt und von anderen Wissenschaftlern, insbesondere von Eric Babson und Dmitry N. Kozlov, entwickelt wurde.

Unter den affinen Hom-Komplexen versteht man die Menge aller affinen Abbildungen zwischen zwei Polytopenkomplexe, die ihrerseits auch einen Polytopenkomplex in einem mehrdimensionalen Raum bildet.

Der Beweis dieser Tatsache und die Beschreibung dieser Menge als eine diskrete Struktur ist das Hauptergebnis der Arbeit, was einen Schritt in die Richtung der Beschreibung der allgemeinen Homologietheorie der polytopalen Hom-Komplexe darstellt. Dies seinerseits ist durch Problemstellungen in der Physik, Chemie und Biologie motiviert.

Ich wünsche Herrn Hotz weiterhin Gesundheit und ein erfülltes Leben, damit noch viele junge Leute von seiner Schatztruhe neue Ideen schöpfen und inspiriert in die Welt der Wissenschaft eintauchen können.

#51 Sauer, Jörg

Geboren am 25.12.1969 in Saarwellingen. Nach Abitur in Saarlouis und Wehrdienst im Fallschirmjäger-Bataillon 262 in Merzig von 1990 bis 1995 Studium der Informatik und Wirtschaftswissenschaften an der Universität des Saarlandes. Von 1996 bis 1999 externer Doktorand am Lehrstuhl von Herrn Prof. Hotz und Mitarbeiter der Daimler Forschung in Ulm. Abschluss als *Diplom-Informatiker* und *Doktor-Ingenieur* bei Herrn Prof. Hotz und Herrn Prof. Schömer (#40) als Betreuer und Zweitgutachter. 1999 und 2000 Studium der Betriebswirtschaftslehre an der Universität Augsburg in Kooperation mit der Universität Pittsburgh, Abschluss als *Master of Business Administration*. Teilnehmer des deutschen *ADA Fellowship Program* und Absolvent des *Advanced Management Program* an der Harvard Business School, Alumnus der Universität Harvard.

Von 1996 bis 2007 Mitarbeiter des Ressorts *Forschung und Technologie* des Daimler-Konzerns mit zunehmend verantwortlichen Positionen (Doktorand, Projektleiter, Teamleiter, Leiter *Competence Center Digital Engineering*, Mitglied der Bereichsleitung *IT and Product Creation Technologies*, Optimierungsprojekte für den Gesamtkonzern). Von 2007 bis 2011 Partner und Geschäftsführer in der Schweizer Management-Beratung *Management Zentrum St. Gallen* (heute *Malik Mangement*), Leiter des Geschäftsbereiches *Management Cybernetics and Bionics* sowie der Region Norddeutschland. Von 2011 bis 2018 Miteigentümer und Geschäftsführer des Unternehmens *Gesellschaft für Wassertechnik und Apparatebau* (heute *Eliquo KGN*) in Ulm. Nach Verkauf des Unternehmens ab 2018 Managing Director und Chief Operating Officer (COO) von *Kienbaum Consultants International*.

Seit 2007 Durchführung von Schulungsprogrammen in General Management, Systemwissenschaften und Kybernetik für Führungskräfte der Wirtschaft und seit 2012 für Master-Studenten an der Universität Ulm als dauerhafter Visiting Lecturer. Verheiratet, zwei Kinder, wohnhaft in Ulm und Zürich.

# #52 von Oertzen, Timo

Geboren am 08.08.1975 in Göttingen. 1997-1999: Studium der Informatik und der Psychologie an der Universität des Saarlandes. 2003: Promotion bei Günter Hotz über die Lösung des Konstruktionsproblems mit Körpererweiterungen vom Grad zwei. 2002-2006: Wissenschaftlicher Mitarbeiter am Lehrstuhl für algebraische Geometrie und Computeralgebra, 2006-2011: Forschungsgruppenleiter am Max-Planck-Institut für Bildungsforschung, Berlin, 2011-2015 Assistant Professor und Associate Professor für Quantitative Psychologie an der University of Virginia, seit 2016 Professor für Methoden und Evaluation an der Universität der Bundeswehr, München. Seit 2011 Gastwissenschaftler am Max Planck Institut für Bildungsforschung und Mitglied der Fakultät der Max Planck Research School LIFE.

**Meine Zeit mit Prof. Hotz und seine Langzeitwirkung auf mich**

Im ersten Jahr meines Doppelstudiums an der Universität des Saarlandes in Informatik und Psychologie bewegte ich mich durch die inspirierende Stimmung in der Informatik deutlich in die Richtung dieser Wissenschaft. Erst später hatte ich die nötig Übersicht, um zu realisieren, dass Günter Hotz der wesentliche Motor hinter dieser Stimmung, in der Tat hinter dem ganzen Institut war.

Ihn selbst kennengelernt habe ich erst im dritten Semester. In einer seiner Vorlesung über theoretische Informatik war die erste Hälfte durch Beweise, die voraussichtlich einen Tag alt waren, so schwierig zu verstehen für mich (der ich von meiner Leistungsfähigkeit ansonsten unbestreitbar sehr, gelegentlich auch zu sehr, überzeugt war), dass ich mit einem Mischgefühl aus Zorn (dass ich nichts verstand) und Neugier (auf das, was ich nicht verstand) in der Pause Günter Hotz ansprach. Statt über die Vorlesung erzählte er mir, wo er gerade dabei war, vom Satz von Pappus, einem in keiner Weise mit der Vorlesung in Verbindung stehenden geometrischen Satz: Legt man auf zwei Geraden jeweils drei Punkte A, B, C und D, E, F und bildet die Schnittpunkte der Verbindungsgeraden AE und DB, AF und DC, und BF und CE, dann liegen diese drei Punkte wieder auf einer Geraden. Er forderte mich heraus, einen Beweis zu liefern, wodurch ich mich in der zweiten Hälfte nicht mehr über die Vorlesung ärgerte, weil ich nichts mehr davon mitbekam.

Mein Beweis war algebraischer Natur, während Prof. Hotz einen im wesentlichen äquivalenten geometrischen Beweis im Kopf hatte; dieses Zusammenspiel zog sich dann durch unsere gesamte weitere Zusammenarbeit. Wir diskutierten, welche Beweisform günstiger ist, und dadurch gekitzelt programmierte ich ein Algebrasystem, dass für geometrische Probleme optimiert war [2]. Nachdem das Programm den Satz von Pappus und einige ähnlich hübsche Probleme zeigen konnte, machten wir das kurzerhand zu meiner Diplomarbeit, die ich abschloss, bevor die Grundvorlesungsreihe beendet war.

Unsere Diskussion erweiterte sich, als Herr Hotz vorschlug, mit unserem Ansatz das allgemeine Konstruktionsproblem anzugehen: Gegeben ein geometrisches Objekt, ist es feststellbar, ob das Objekt nur durch Verwendung von Zirkel und Lineal konstruiert werden kann, und wenn ja, wie. Mit dem 'Ja' konnten wir uns schnell einigen, das 'wie' wurde zur wissenschaftlichen Debatte, die wir in vielen Diskussionen und mit beidseitigem Vergnügen führten. Am Ende hatten wir eine Lösung, die algebraisch funktionierte und das gesamte Konstruktionsproblem auf vergleichsweise einfache Probleme der algebraischen Geometrie zurückführte, woraus wir dann meine Dissertation strickten [3, 4].

Über diese irre mitreißenden Jahre war mein Interesse an der Psychologie zurückgegangen, aber im Anschluss an meine Dissertation traf ich mit Prof. Lindenberger auf den zweiten großen Wissenschaftler meines Lebens, der mir eindrücklich zu beweisen vermochte, dass auch in der Psychologie formalwissenschaftlich und bei Bedarf auch sehr mathematisch gearbeitet wurde. Dass ich trotz der Tatsache, dass ich in der Psychologie meiner Altersgruppe hinterherhinkte, etwas dazu beitragen konnte, lag allerdings wieder in der formalen Ausbildung, die ich durch Prof. Hotz bekommen hatte. Nachdem ich fünf Jahre am Max Planck Institut für Bildungsforschung als Projektleiter tätig gewesen war, bekam ich 2011 einen Ruf an die University of Virginia und 2016 dann an die Universität der Bundeswehr München. Um die Interdisziplinarität rund zu machen, habe ich 2013 an der Humboldt-Universität in Berlin in Psychologie habilitiert [5].

Auch wenn man das vielleicht bei einem Psychologen nicht denkt, beschäftige ich mich täglich mit mathematischen Herleitungen und Beweisen. Fast alle Themen, mit denen ich mit Günter Hotz zusammengearbeitet habe, finden sich immer noch in meinem Tagesablauf: Unser Beweiser arbeitete parallel auch immer mit einer numerischen Optimierung, und eine weiterentwickelte Form des gleichen Optimierers ist heute in unserem Statistikprogramm $\Omega$nyx eingebaut [6], dass Verteilungsparameter optimal an einen Datensatz anpasst. Die Oberfläche von $\Omega$nyx ist graphisch aufgebaut, wie auch schon unser Beweiser sich dadurch auszeichnete, dass man die geometrischen Sätze auch geometrisch zeichnerisch eingab und nicht über ein Formelsystem. Zur Zeit arbeite ich an einer algebraischen Optimierung für das Statistikprogramm, das auf einem problemorientierten Aufbau der Syzygien[47] des zugrundeliegenden algebraischen Gleichungssystems beruht, ganz analog zur Dissertation bei Prof. Hotz.

Mein zweites Arbeitsgebiet ist das maschinelle Lernen für kleine Trainingsdatensätze, was letztlich nichts anderes bedeutet als ein Packalgorithmus, der den Trainingsdatensatz auf ein Modell mit Größe möglichst dicht an der Entropie reduziert (siehe z.B. [1]) – was genau das ist, was Prof. Hotz und ich als Seitenprojekt in Fortsetzung einer seiner Vorlesungen gemacht haben. Und ob man's glaubt oder nicht, die angewandten Psychologen interessieren sich dafür und verwenden diese Technologie, um zum Beispiel Daten aus bildgebenden Verfahren in der Neuropsychologie zu analysieren.

Viel meines mathematischen Wissens kommt von Günter Hotz, aber mehr vielleicht habe ich noch von seiner Art mitgenommen, über Mathematik und andere Dinge zu denken und zu reden. Da ich einer seiner letzten Doktoranden war, hatte Herr Hotz vielleicht mehr Zeit, mit mir und den anderen Mitgliedern seines Lehrstuhls zu reden, und ich habe von dieser Tatsache unverschämt profitiert. Wissenschaft ist keine Demokratie, es ist nicht eine 'Meinung' der Mehrheit korrekt, sondern der Zugang zu einem Problem, der am meisten Einsicht fördert und am elegantesten belegt werden kann. Diese Einsicht hatte etwas befreiendes für mich, der ich schon als junger Mensch ein alter Querkopf war. Ich habe dadurch die Ruhe gewonnen, bei meiner Auffassung so lange zu bleiben, bis mir das Gegenteil belegt wird, und dann auch ohne Probleme meine alte Auffassung abzulegen. Das ist vielleicht gerade im Umfeld der psychologischen Wissenschaften eine sehr wichtige Einstellung.

Viel von dem, was ich von Prof. Hotz über die Jahre gehört habe, ist einfach in meinem Wissen oder Denkweise aufgegangen, und ich kann heute gar nicht mehr sagen, ob es von ihm kommt oder ich das irgendwo anders aufgeschnappt habe. Aber manche Sprüche sind mir noch heute im Ohr und ich benutze sie häufig (meist leise zu mir selbst, aber manchmal auch laut), die gar nichts mit Mathe zu tun haben, so ganz vorneweg: 'Wenn mich ein Hund auf der Straße anbellt, dann belle ich doch auch nicht zurück'. Ich weiß gar nicht, wieviele dumme Streitereien mir dieser Spruch erspart hat! Auch wenn mich die große Leidenschaft des Wanderns von Herrn Hotz, wie ich zugeben muss, niemals angesteckt hat (und ja, daran könnte es liegen, dass ich ein paar Kilo mehr auf die Waage bringe), habe ich doch das Muster übernommen, mich beim Nachdenken öfter mal von meinem Schreibtisch und dem nächsten Computer zu entfernen. Das verhindert doch sehr, dass ich der ersten spontanen Idee, die mir im ersten Moment so unheimlich überzeugend erschienen ist, hinterherlaufe und schon halbe Programme und Paper geschrieben habe, bevor ich einsehe, was für einen Unsinn ich da verzapft habe. Bis zur nächsten Biegung (auch wenn bei mir nicht

---

[47]) Eine Kombination zweier Polynome aus einem polynomiellen Gleichungssystem

wörtlich) habe ich vielleicht schon verstanden, wo die Schwächen meiner Idee sind und wie man sie in etwas Konstruktives umwandeln kann. Und, wenn auch nur mit sehr teilweisem Erfolg bei mir, kommt mit dem Abstand vielleicht auch mal die Einsicht, dass man nicht jedes Projekt unbedingt auch selbst verfolgen muss.

**Algebraic Optimization of Model Likelihoods**

In dem Sinne, dass eine Festschrift Spaß sein soll und formale Mathe Spaß ist, will ich ein Problem der Quantitativen Psychologie beispielhaft beschreiben. Bei diesem Problem ist ein normalverteiltes statistisches Modell (also eine parametrisierte Normalverteilung) gegeben. Das Ziel ist, für einen gegebenen Datensatz die Parameter des Modells zu finden, bei denen die Wahrscheinlichkeitsdichte, den Datensatz unter diesen Parametern zu erhalten (die Likelihood), maximal ist.

Im allgemeinen ist das Problem leider EXSPACE-hart, wie wir zeigen konnten, denn die vom Modell implizierte Kovarianzmatrix kann beliebig in den Polynomen sein, so dass sich durch sie jedes polynomielle Gleichungssystem darstellen lässt.

Allerdings sind allgemeine polynomielle Gleichungssysteme für Psychometriker nicht interessant, so dass die Modelle tatsächlich in den meisten Fällen in eine einfachere Unterklasse fallen. In dieser Klasse sind die beobachteten Variablen ein homogener Fehler plus eine feste Matrix mal einer $L$-dimensionalen Normalverteilung, wobei $L$ im Vergleich zu den Beobachtungen klein ist. Mit Hilfe eines von Daniel Hackett und mir entwickelten Vorverarbeitungsverfahren (essentiell eine QR-Zerlegung der Matrix, siehe [7]) lässt sich das Modell in eine Form bringen, in der sich die Likelihood $\mathcal{L}$ schreiben lässt als

$$\mathcal{L} = \ln(|\Sigma|) + \operatorname{Tr} \Sigma^{-1} + K \left( \ln(e) + \frac{1}{e} \right)$$

wobei $K$ die Dimensionalität des Modells minus $L$ ist, $\Sigma$ die Kovarianzmatrix des Modells, und $e$ der homogene Fehlerparameter.

Die Parametrisierung von $\Sigma$ lässt sich darstellen als $df$ lineare constraints auf einer eintragsweise parametrisierten symmetrischen Matrix. Die Ableitung von $\mathcal{L}$ nach den Parametern von $\Sigma$ und dem Parameter $e$ ist jetzt ein polynomielles Gleichungssystem mit $df - 1$ vielen Polynomen vom Grad $2L - 1$ und einem Polynom vom Grad $df + 1$.

Das wäre in der Praxis selbst für relativ kleine $df$ und $L$ immer noch zu schwierig zu lösen für gängige general-purpose Computeralgebrasysteme. Allerdings weisen die Polynome aufgrund ihrer Herleitung eine Struktur auf, die spezielle Syzygien, also Kombinationen von Polynomen, ermöglichen, die wenig Zuwachs im Grad haben. Dadurch können wir das Gleichungssystem auf ein Polynom vom Grad $2L - 1$ und $df - 1$ weitere Polynome vom Grad $2L - 3$ reduzieren. Die Laufzeit des Algorithmus verkürzt sich dadurch auf asymptotisch $(2L)^{df} + O\left((2L)^{df-1}\right)$, was für übliche Größen von $df$ und $L$ noch gut lösbar ist.

**Literatur**

[1] B. Kim und von Oertzen, T. "Classifiers as a model-free group comparison test". In: *Behavior Reserach Methods* 50 (2017), S. 416–426. DOI: doi:10.3758/s13428-017-0880-z.

[2] Timo von Oertzen. "Cedric - ein automatisches geometrisches Beweissystem". Diplomarbeit. Universitaet des Saarlandes, 1999.

[3] Timo von Oertzen. "Das Konstruktionsproblem". PhD thesis. Universitaet des Saarlandes, 50.

[4] Timo von Oertzen. "Exact Computation of Polynomial Zeros Expressible By Square Roots". In: *Algorithmica* 46.1 (2006), S. 119–136.

[5] Timo von Oertzen. "Statistical Power, Power Equivalence, and Efficient Parameter Estimation in Structural Equation Modeling". Habilitation. Humboldt Universitaet Berlin, 2013.

[6] Timo von Oertzen, Andreas M. Brandmaier und Siny Tsang. "Structural Equation Modeling with Onyx". In: *Structural Equation Modeling: An Interdisciplinary Journal* 22 (2015), S. 148–161.

[7] Timo von Oertzen und Daniel C. Hackett. "Pre-Processing for Efficient Maximum Likelihood Estimation in Structural Equation Models with Fixed Loadings". In: *Journal of Statistical Software* 1999 (in preparation).

## #53 Gärtner, Tobias

Geboren am 20.07.1976 in Chemnitz (damals Karl-Marx-Stadt). 1997-2000 Studium der Informatik und Mathematik an der Universität des Saarlandes. Prof. Hotz lernte ich während meines dritten Semesters kennen. In einem Gespräch über die Ästhetik der Funktionentheorie und die Beziehungen zur Informatik konnte er mich für mein späteres Diplomarbeitsthema „Rekursive Analytische Funktionen einer Komplexen Variable" begeistern. Die Ideen von Prof. Hotz zur Anwendung mathematischer Erkenntnisse in der Informatik überzeugten mich, das Thema mit ihm weiter zu verfolgen. Dies mündete 2008 in meiner Dissertation „Analytische Maschinen und Berechenbarkeit Analytischer Funktionen". Die besten Ideen für meine Arbeit hatten zwei Ursprünge: Die unzähligen ergiebigen Gespräche mit Prof. Hotz und die Bewegung in der Natur. Wie Prof. Hotz es oft berichtet – nach einer Wanderung oder bei einer Runde mit dem Fahrrad ist die Lösung zu zahlreichen Problemen nahe.

Durch Prof. Hotz lernte ich 2009 Jan Messerschmidt (#21) kennen und begann als Software-Entwickler bei der DIaLOGIKa. Von der Arbeit dort habe ich sehr profitiert und viel über die Praxis in der Software-Entwicklung gelernt. Gleichzeitig konnte ich meine zweite Leidenschaft, den Triathlon weiterverfolgen [u.a. war Tobias Gärtner 2010 immerhin Deutscher Meister M30 im Triathlon / Ironman; A.d.H.].

2014 verschlug es mich aus familiären Gründen in die Region München, wo ich bei der Münchener Verein Versicherungsgruppe drei Jahre als Software-Entwickler und Projektleiter tätig war. Seit 2017 bin ich dort Abteilungsleiter *Softwareentwicklung Portale* und gestalte die digitale Transformation eines traditionellen Unternehmens mit.

## #54 Durst, Christopher

[48]Studium der Informatik an der Universität des Saarlandes. 2010 Promotion bei Günter Hotz und Günter Fuhr (Professor und damaliger Direktor am Fraunhofer-Institut IBMT in St. Ingbert) mit „Chameleonlab: ein Ansatz für integriertes wissens- und Workflow-Management in biomedizinischen Forschungslaboratorien unter Verwendung kryofunktionaler Speicherchips".

---

[48]) Daten wurden im Internet recherchiert. Das Foto stammt von ca. 2003.

MIX
Papier aus verantwortungsvollen Quellen
Paper from responsible sources
FSC® C105338

If you have any concerns about our products,
you can contact us on
**ProductSafety@springernature.com**

In case Publisher is established outside the EU,
the EU authorized representative is:
**Springer Nature Customer Service Center GmbH
Europaplatz 3, 69115 Heidelberg, Germany**

Printed by Libri Plureos GmbH
in Hamburg, Germany